# EVA UND ADAM

# KURT FLASCH

## EVA UND ADAM

### Wandlungen
### eines Mythos

Verlag C.H.Beck

## Die Erschaffung Evas. Zum Frontispiz

Das Bild zeigt eine glasierte Terracottaarbeit aus dem Dommuseum in Florenz, die dem jungen Donatello (1409) zugeschrieben wird. Die Bäume erinnern daran, daß die Szene im Paradies spielt. Adam liegt noch in tiefem Schlaf. Der Künstler zeigt nicht, wie Gott eine Rippe Adams entnimmt, sondern das Hervorkommen Evas aus seiner rechten Seite. Diese Herkunft Evas galt früheren Jahrhunderten als Vorzeichen des Entstehens der Kirche aus der Seitenwunde des Gekreuzigten; die dralle Körperlichkeit dieser jungen Frau Donatellos erinnert kaum an die Kirche. Wir sehen hier nicht die Entnahme der Rippe und ihre schwerverständliche Umformung; hier stützt sich die fertig gestaltete Eva auf Gottes Arm. Sie umarmt ihn nicht, aber er zieht sie auch nicht aus Adam heraus in die Höhe. Ihr Körper erscheint nicht als Einfallstor des Satans, sondern verbindet Gott mit Adam. Evas und Gottes Blick treffen einander nicht; die Distanz bleibt gewahrt. Gott blickt in eine weite, nicht eben erfreuliche Zukunft.

Das Bildmotiv hat eine lange Vorgeschichte (vgl. dazu unten S. 65 f.). Vor 1100 zeigten Künstler die Herausnahme der Rippe. Damals baute Gott den Knochen Adams zu einem Frauenkörper um. Nach 1100 bevorzugten sie eine intimere, eine organischere Entstehung, direkt aus Adams Seite. Aber Eva wurde dann eher skizziert als plastisch figuriert. Sie nahm im Laufe der Jahrhunderte an Körperlichkeit zu und rückte näher an den Schöpfer heran. Hier fällt ihr vollentwickelter Körper in seinen Arm. Dadurch zeichnet ihr Leib eine Verbindungslinie zwischen dem Kopf Gottes und dem Kopf Adams.

Der Künstler arbeitete nicht wie Andrea Pisano und Ghiberti vor ihm mit Bronze; er nahm rötlichen Lehm. Das entsprach der Überlieferung, der zufolge Adam aus roter Erde genommen war. Die Glasur verleiht der Entstehung Evas aus dem Erdenkloß Adam etwas vom paradiesischen Glanz und erhöht zugleich die Sichtbarkeit des irdischen, des irdenen Stoffs.

# INHALT

# ZWEITER TEIL
## DOKTRINEN

## VORWORT

Dieses Buch handelt von Gott und der Erschaffung Evas; es erzählt von Paradies und Erbsünde, aber es ist kein theologisches Buch. Es stellt keine Ansprüche auf dem Feld der Gottesgelehrtheit; es teilt keine Neuigkeiten mit über die schlimmen Folgen von Evas Sünde für das Seelenheil der Menschen.

Dieses Buch handelt vom Ursprung der Menschheit, aber es ist kein biologisches oder ethnologisches Buch. Es bringt keine Neuigkeiten über die afrikanische Lucy; es ermittelt nicht Adams Eltern.

Dieses Buch rückt Eva ein wenig in den Vordergrund und belegt erneut die Macht des männlichen Blicks auf die Frau, aber es ist kein feministisches Buch. Im Gegenteil: Die Kritik feministischer Theologinnen ist ihm sicher, denn es widersteht dem Versuch, den alten Texten über Eva etwas Frauenfreundliches abzugewinnen. Es räumt Hildegard von Bingen keinen besonderen Raum ein, denn auch Hildegard ist nicht über die traditionelle Sicht hinaus gekommen, daß der Mann sich zur Frau verhält wie die Seele zum Leib, oder, schlimmer noch im Gestus der Unterordnung, wie die Gottheit zur Menschheit in Christus.

Dieses Buch handelt von Eva und Adam als Themen der westlichen Kunst, des westlichen Glaubens und Wissens. Es lädt zum Nachdenken ein, indem es – so heiter und so kurz wie möglich – ein paar wenig bekannte Einzelheiten mitteilt aus dem Grenzgelände zwischen Kunst- und Ideengeschichte. Ich rede als Historiker von Bildern und Ideen. Ich erzähle als Reisender, der Eva und Adam oft begegnet ist, an der Bernwardstür in Hildesheim, an der Fassade von Notre Dame und am Adamsportal in Bamberg, in der Brancacci-Kapelle, Florenz, und in der Sistina im Vatikan. Noch öfter habe ich sie angetroffen in meinen alten Texten. Sage niemand, das sei wenig. Unterschätzen wir nicht die Macht der Philologie: Ich gestehe, die Pläne Gottes und die Anfänge der Menschheit in der Natur nicht zu kennen. Aber die philologische Recherche zeigt sie in Werken der Kultur. Sie erreicht dabei einen hohen Grad der Gewißheit. Sie bietet die Pläne des Allmächtigen und die Stimme der Stammeltern in kontrollierbarer Form. Die Bilder, die ich nenne, kann jeder Reisende anschauen; die Texte, die ich zitiere, kann jeder Leser nachschlagen. Deren lateinische Sprache sollte das Lesevergnügen nicht mindern; ich habe die lateinischen Zitate zwar nicht immer wörtlich übersetzt, aber im laufenden deutschen Text zusammengefaßt.

Zauberkraft der Philologie: Sie erreicht auf schwankendem Boden Sicheres. Freilich nur über die Meinungen der Menschen.

Berlin, Wissenschaftskolleg, im Mai 2004
*Kurt Flasch*

# ERSTER TEIL

## BILDER UND ERZÄHLUNGEN

# I. ERSTE BILDER

## 1. Ursprung, der mitgeht

Der englische Gelehrte Philip C. Almond nannte die Geschichte von Eva und Adam *den* »zentralen Mythos der westlichen Kultur«.[1] Damit irrte er ein wenig in der Geographie, denn das Paradies lag, sicherer Kunde nach, an Euphrat und Tigris, also im Osten, in der Gegend des heutigen Irak, aber ansonsten hat er kaum übertrieben: Zwar hatte die westliche Kultur nie ein einfaches Zentrum; sie war immer, jedenfalls seit den Sophisten, ein Gewoge widerstrebender Kräfte. In ihr kämpfte Venus gegen Eva-Maria; Prometheus stand neben Adam. Und doch ist es richtig: Die Geschichte von Eva und Adam wurde eines der mächtigsten Bild- und Denkmotive im Einflußbereich der drei mittelmeerischen Religionen. Sie hat diesen Lebensraum geprägt, nie sie allein, aber doch sie vor allem. Eva und Adam sind mitgegangen mit unserer Geschichte; sie zeigten sich formbar, in den entscheidenden geschichtlichen Wandlungen des Westens wurden sie mit umgestaltet. Die großen sozialen, intellektuellen und künstlerischen Schübe spiegeln sich in ihrem Bild. Weil sie wandelbar waren, blieben sie. Für viele Jahrhunderte wurden sie normativer Inbegriff und Inbild unserer Herkunft; sie repräsentierten zugleich das verlorene Paradies und unsere Geschichte, unser Elend und unsere Größe. Sie erklärten das offensichtliche Mißverhältnis zwischen Gottes Allmacht und dem Zustand des menschlichen Lebens. Sie zeigten exemplarisch das Verhältnis von Frau und Mann. Im täglichen wie im kulturellen Leben der Zeit bis 1800 waren sie präsent, handgreiflicher und sichtbarer, als wir es uns gewöhnlich vorstellen. Ihr Mythos lebt bis heute. Wer auf der Google-Suchmaschine das Stichwort »Eva« aufruft, findet fieberndes Leben. Der *Spiegel* vom 15. September 2003 brachte eine Titelgeschichte über das *Y-Chromosom oder warum es Männer gibt*; er wählte als Titelbild die Adamfigur Michelangelos. Der Mann, das ist auch heute noch: ADAM.

Es geht hier um Adam, aber die Hauptakteurin im Paradies war Eva. Heute beginnt jeder Redner, sei er noch so mittelmäßig, seinen Vortrag mit der Anrede »Meine Damen und Herren«; er läßt den Damen den Vortritt. Nur wenn von unseren ehrwürdigen Stammeltern die Rede ist, stellt sich wie selbstverständlich die umgekehrte Reihenfolge ein; wir sagen fast immer: Adam und Eva. Das ist historisch zu erklären, und auch das habe ich hier vor.

Seit der Französischen Revolution sind wir alle Damen und Herren; seitdem gehört den Damen der erste Platz, weil nicht im Leben, daher um so sicherer in der Anrede. Nur Eva wird er verweigert. Dabei gibt es ernsthafte Argumente, Eva zuerst zu nennen. Ein Autor des 8. Jahrhunderts, Ambrosius Autpertus, nannte Eva »Urheberin der Sünde«, auctrix peccati.[2] Eva war nicht nur die Mutter der *Sünder*, sondern die Mutter aller *Sünden*. Sie brachte alles in Bewegung. Von ihr kommt alles Elend, aber auch alle Entwicklung. Die bewährtesten theologischen Autoren, große Männer wie Augustinus und Thomas von Aquino, erklärten, Eva sei die Hauptschuldige; für Adam erfanden sie intelligente Minderungsgründe. Sie griff nach dem Apfel, nicht Adam; sie eröffnete die menschliche Geschichte. Darum kommt sie hier zuerst.[3]

## 2. Bilder von Eva und Adam

Es sah zunächst so aus, als hätte alles gutgehen können. Gott und Menschen in fröhlicher Eintracht. Gottvater, ein wenig größer als der Mensch, will nicht, daß Adam allein sei; er schafft ihm eine Freundin und führt sie ihm zu, sie zärtlich an der Schulter leitend. Sie gefällt Adam auf den ersten Blick; er gestikuliert freudig mit dem Armen, sie zu begrüßen. So sah es jedenfalls der Künstler, der um 1015 die Bronzetür am Dom von Hildesheim geschaffen hat, die sogenannte Bernwardstür. Gott tritt auf wie ein Vater mit seinen schon großen Kindern, in heiterer Gesellschaft. Der Unterschied zwischen Gott und seinen Ebenbildern wird nicht verwischt, aber so klein wie nötig dargestellt. Adam fällt nicht etwa zu Boden, weil der Herr erscheint; seine Aufmerksamkeit ist ganz auf Eva gewendet, und ihrem Schöpfer gefällt das so. Die frühe Hildesheimer Szene, Gott führt Eva zu Adam, bildet das zweite Bild eines Zyklus von 16 Szenen, der von der Erschaffung über den Sündenfall zur Erlösung führt; wir sollen sie beim Betrachten nicht isolieren. Sie ist fast nur eine Momentaufnahme: Ein glücklicher Augenblick in der Geschichte der Menschen. Das Unglück steht vor der Tür, wird aber aufgehalten und soll nicht das letzte Wort behalten.

Wir bleiben in Hildesheim. An der Decke der Klosterkirche St. Michael sehen wir Eva und Adam als Herrscherpaar in paradiesischer Herrlichkeit. Das großformatige Deckengemälde der Zeit um 1200 stellt sie an den Anfang einer Reihe von Herrschergestalten, die mit Christus, dem Allherrscher, endet. Auch hier bilden sie einen Anfang, der Fortsetzung findet; aber die folgenden Szenen übergehen Sündengeschichte und Kreuzestod. Wir sehen eine Galerie göttlich beglaubigter Könige, an deren Ende Christus Pantokrator und an deren Anfang Eva und Adam stehen, nicht Adam allein. Der Künstler leugnet nicht den Sündenfall und die Notwendigkeit der Erlösung; er interessiert sich nicht für sie. Die Sünde Evas und Adams behandelt er wie eine kleine Ordnungswidrigkeit, wie sie in jedem Herrscherhaus einmal vorkommt; sie hebt die Legitimität, die Gottesnähe der Könige nicht auf. Eva und Adam leben in einer Umgebung, die vornehmer und heiler ist als die Welt der späteren Herrscher; sie leben im goldenen Zeitalter; darauf deuten massive Goldpunkte, die dieses Bild als ganzes überziehen und es von den anderen Herrscherbildern der Decke unterscheiden.

Die Zeit um 1200 dachte offenbar Eva und Adam nicht nur und nicht primär als Elendsgestalten, als bestrafte Sünder. Sie waren der strahlende Anfang der Menschheitsgeschichte; sie repräsentierten Ordnung und überlegenes Wissen; sie waren das sichtbare Bild des unsichtbaren Gottes und fanden ihre Entsprechung im göttlichen, im sichtbaren Gottmenschen.

Aber es gab im Bild Evas und Adams regionale und temporale Differenzen; ihr Bild wechselte noch. In Hildesheim repräsentierten sie um 1200 die ungebrochene Kontinuität der Gottesherrschaft; in Clermont-Ferrand sehen wir sie auf einem Kapitell des 12. Jahrhunderts als vertriebene Sünder.

Der Cherubim verschließt das Paradiesestor; er zerrt Adam an den Haaren heraus. Eva und Adam sind beide Bestrafte, Verjagte, Hinausgeworfene, aber wie verschieden ist ihre Lage: Adam steht, Eva liegt oder kniet am Boden; sie ist gestürzt; ihre Position ist jetzt unter ihm, und er demonstriert dies: Er zieht sie am Haarschopf, wie der Engel ihn gepackt hat. Er setzt das Strafen fort; er gibt seiner Frau einen

Fußtritt. Er ist ihr Herr; er vertritt ihr gegenüber die strafende Gottheit. Sie war die Hauptsünderin, und er steht immer noch ein wenig mehr auf der göttlichen Seite. Zwar wird auch er bestraft, aber außerhalb des Paradieses ist er zugleich ihr Gerichtsherr und zeigt dies auf so derbe Weise, daß dieses Kapitell ein Jahrhundert später in Frankreich nicht mehr möglich gewesen wäre. Diese Unterwerfung und Sonderbestrafung Evas gibt auch nicht *das* »mittelalterliche« Bild des ersten Men-

schenpaars, aber es zeigt doch, was theologisch legitimiert war. Die streng inner-
theologischen Hauptthesen über Eva und Adam haben zwischen 400 und 1700
keine durchgreifende Änderung erfahren; man konnte jederzeit wieder darauf zurückkommen, daß Eva die Hauptschuldige und der Mann nach Gottes Strafurteil
ihr Herr, ja ihr Despot und Gerichtsherr sein sollte. Diese starre Dogmatik war
vorhanden, aber sie wurde sehr verschieden orchestriert und akzentuiert. Im Laufe
des 12. Jahrhunderts kam es zu einem neuen Selbstbewußtsein des Menschen, zu
einer Neubewertung der Erbsünde und zu einer Aufwertung der Frau; das theologische Gesamtgebäude blieb davon nicht unberührt. Sein Grundriß lag fest, seit Augustin sich im Westen durchgesetzt hatte, aber es wurde verschieden möbliert und
verschieden genutzt. Wer die Frau aufwerten wollte, hob die typologische Beziehung Eva-Maria hervor. Eine bildliche Darstellung dieses Motivs findet sich aber
vor dem Jahr 1000 nicht. Es ist nicht neutestamentlich, und wo es seit dem 2. Jahrhundert auftauchte, war es auf Christus, nicht auf Maria konzentriert; schließlich
ließ es sich dahin wenden, daß Eva alles verdorben hatte, was Maria durch ihre
Jungfräulichkeit und ihren Gehorsam der Menschheit wiedergewonnen hat.
Das Hildesheimer Deckengemälde und das Kapitell aus Clermont-Ferrand geben,

zusammengesehen, einen ersten Begriff von der Spannweite des Eva-Adam-Mythos. Man könnte sagen, er sei widersprüchlich gewesen. Jedenfalls konnte man ihm Gegensätzliches entnehmen. Aber das sicherte ihm vielfältige Verwendbarkeit und kulturelle Fruchtbarkeit. Wer Eva mit Maria in Parallele stellte, konnte daraus eine Höherbewertung der Frau folgern, aber öfter war es die schroff-monastische Empfehlung der Jungfräulichkeit.

Selbst die Vertreibung ließ sich positiv wenden. Die Ackerarbeit Adams, die Spinnarbeit Evas gewannen durch die Erzählung von ihrem Ursprung einen Hintergrund mit tieferer Bedeutung. Diese Szenen des alltäglichen Lebens wurden dadurch der Aufmerksamkeit wert; sie arrivierten zum Gegenstand der Kunst und der frommen Meditation. Die tägliche Arbeit von Frau und Mann bestimmten ohnehin die faktische Lage der meisten Menschen – Adel und Klerus ausgenommen –, sie wurde auch Inhalt der Reflexion. Technische Neuerungen, die in privilegierten Regionen gelungen waren, bekamen einen Ort in der religiösen Vorstellungswelt. Sie drangen in das Heiligtum ein und verdienten Beachtung.

Ein byzantinisches Elfenbeinkästchen im Darmstädter Landesmuseum, das der Aufbewahrung von Reliquien oder von Schmuck gedient haben dürfte, stellte im 10. Jahrhundert die Eva-Adam-Geschichte in mehreren Szenen dar: Erschaffung, Sündenfall, Vertreibung, Alltagsarbeit. Die Szenenfolge endet mit der Alltagsarbeit; sie bietet keinen Ausblick auf die Erlösung. Das war eine Akzentsetzung besonderer Art; der Künstler begnügte sich mit der Herleitung des Status quo der Menschheit. Aber er sah die Menschheit in einem kulturell und technisch avancierten Gebiet der Welt. Die letzte Szene zeigt Adam bei der Schmiedearbeit, Eva bedient einen technisch auffällig konstruierten Blasebalg. Sie bearbeitet nicht wie sonst oft Textilien; die Hauptsünderin ist zu einem unentbehrlichen Mitglied in Adams Werkstatt-Team geworden. Sie gebärt nicht mehr nur Kinder; sie hat sich handwerklich qualifiziert, und zwar nicht mehr nur am Spinnrad. Diese Darstellung gibt dem handwerklichen Standard vom Byzanz der Zeit um 1000 einen theologischen Ort und kunstkonformen Rang. Die ganze Schöpfungsgeschichte läuft auf das Interieur der Schmiede Adams, auf Evas Blasebalg und damit auf den technologischen Status quo zu.

Eva war an allem schuld – und für vieles gut. Sie war nicht nur die Mutter der Sünde, sondern auch die Mutter der Zeit. Mit ihr begann die Geschichte. Jedenfalls seit Augustin war die Menschheit dadurch bestraft, daß ihr Leben in der Zeit zerstreut verlief. Im Paradies waren Eva und Adam von der Ewigkeit überformt. Es gab noch keine Zeit. Und das Leben der Auserwählten im Himmel dachten Augustin und Thomas von Aquino als zeitfreies Leben. Thomas wollte die Zeit nur für die Verdammten in der Hölle weiterlaufen lassen. Für die Erlösten war die Zeit überwunden. Wie er sich das genau gedacht hat, mögen uns seine Bewunderer erklären; ich kann es nicht. Die Erlösten sollten nach der allgemeinen Auferstehung ihren Leib wiederbekommen. Wie sie auch nur zwei Herzschläge hintereinander vollführen könnten, ohne in der Zeit zu sein, das war schon damals schwer einzusehen. Duns Scotus fand die These des Thomas nicht überzeugend. Aber die Geringschätzung der Zeit war kraft der Nachwirkung Augustins lange Zeit wie selbstverständlich: Das Paradies und der Himmel mußten zeitfrei sein. Erst mit Evas Apfelbiß begann Zeit.

## II. URGESCHICHTEN

### 1. Menschen wie wir?

Wir müssen mit dem Anfang anfangen. Lesen wir also noch einmal die ersten Kapitel der Bibel, mit denen alles begonnen hat, lesen wir sie als Erzählungen, ohne theologischen oder historisch-faktischen Beweisanspruch.[4] Da treten sie auf, Adam und Eva, nicht als Vormenschen, Hominiden oder Frühmenschen, sondern wie Typen des Menschseins. Sie kommen uns verwandt vor, allein schon wegen ihrer beträchtlichen Kunst der Ausreden: Adam schiebt die Schuld auf Eva, Eva auf die Schlange. So ähnlich machen wir das auch. Solche Züge könnten selbst einen Historisten zu dem Ausruf Adams bewegen, dies sei Gebein von unserem Gebein und Fleisch von unserem Fleisch, gäbe es da nicht zugleich befremdlich-archaische Züge: In einem Zaubergarten wachsen Äpfel, die, gegessen, Erkenntnis verleihen. Daneben steht – ziemlich funktionslos – ein Baum, der fortdauerndes Leben verspricht. Die Schlange spricht – wie im Märchen. Da gibt es einen Gott, der im Garten spazierengeht, ein Gott, der ein unbegreifliches Verbot aufstellt, der töpfert und schneidert. Gleichwohl: Diese Eva und dieser Adam sind von unserer Art. Es ist gleichgültig, ob wir sie Paradigmen nennen oder einen Gründungsmythos der Menschheit; sie zeigen, was ein Mensch ist. Ob sie existiert haben oder nicht, das ist jetzt nicht die Frage; die Erzählung deutet allemal auf große Themen: Die Einheit der Menschen, wir sind alle Brüder, es gibt keine Rassen, wohl aber den markierten Abstand zu den Tieren. Adam wird Herr über sie, doch wird ihm nur vegetarische Kost gestattet, und nach einer feinsinnigen Bemerkung des Thomas von Aquino hätte er nicht einmal ein Pferd zum Reiten benutzt; aber über die Erde herrschen, das sollte er durchaus. Es sind Geschichten vom Idealzustand und seinem Verlust, vom Paradies, das wir verloren haben, bevor es sich zum Schlaraffenland entwickeln konnte: *Paradise lost*. Die Erzählung handelt von der Erkenntnis von Gut und Böse, von den Ausreden der Schuldigen, vom sündigen Reiz des Wissenwollens und unerwünschter Gottgleichheit durch Erkenntnis: Neid der Götter. Sie erklärt, warum die Arbeit so hart, die Geburt so schmerzhaft ist, woher der Zwist kommt und warum Menschen ausnahmslos sterben müssen. Es geht um Geschichten von Mann und Frau; Eva als Männin hat ihren Ursprung im Mann, sie entstammt ihm und ist ihm als Gehilfin zugesellt. Er erkennt sie als Fleisch von seinem Fleisch, aber gleichgestellt ist sie ihm nicht, nicht im Paradies, und noch weniger danach, wird sie doch nach *Genesis* 3, 16 zusätzlich damit bestraft, daß er über sie herrschen soll. Beide verlieren die Unsterblichkeit, beide treten in ein Leben voll Mühsal und Schmerz; beiden droht der Tod, aber der heilige Thomas von Aquino, ein Mann, der, wie ich zeigen werde, über den Verdacht, Feminist gewesen zu sein, weit erhaben ist, macht die Bemerkung, Eva werde härter gestraft als Adam. Allerdings fand er, das geschehe zu Recht.

Herder entdeckte den weltanschaulich neutralen Tiefsinn der ersten Kapitel der *Genesis.* Er gab keine historische Analyse, würdigte sie aber nicht nur ästhetisch, sondern gab Stoff zum Nachdenken, indem er fand, sie seien »wie eine Zaubererzählung des glücklichen, leider verlorenen Traumes der Kindheit«; sie enthielten »die einfachste Naturphilosophie, Welteinrichtung und Menschenordnung«, in ihnen liege »die simpelste Philosophie über den verflochtenen Knoten der Menschheit, über seine disparatesten Enden und Winkel« (*Briefe, das Studium der Theologie betreffend,* 1780/1781, 3. Brief).[5]

Die Erzählungen interessieren sich auffallend für Nacktheit, für die unschuldige zuerst, für die verschämte danach, Reflexionsstoff bietend über den Zusammenhang von Selbsterkenntnis und Scham. Malern und Bildhauern gaben sie die Erlaubnis, fast die Verpflichtung, Menschen nackt darzustellen. Was wäre die Kunst ohne Eva und Adam? Von der Katakombenmalerei des 3. Jahrhunderts bis Max Beckmann hat sie sich des Themas angenommen.

## 2. Als Mann und Weib erschuf er sie

Wir kennen Eva und Adam meist von Skulpturen und Bildern, aber zuerst kamen sie in Erzählungen vor, erst später standen sie in Texten. Die mündlichen Überlieferungen sind verklungen; was uns geblieben ist, sind Bücher. Dort müssen wir sie aufsuchen:

Die *Genesis* erzählt die Erschaffung des Menschen zweimal. Das ist merkwürdig und bedarf der Erklärung. Wahrscheinlich gab es divergierende mündliche Erzählungen, die später zum *Ersten Buch Moses* zusammengestellt worden sind. Beginnen wir mit dem ersten Bericht, *Genesis* 1, 26–31. Er lautet in einer nicht allzu modernen Übersetzung:

*1, 26 Gott sprach: Lasset uns Menschen machen nach unserem Bilde und Gleichnis; die sollen herrschen über die Fische des Meeres und das Gevögel des Himmels und das Vieh und alles Wild des Feldes und alles Gewürm, was auf Erden kriecht.*

*27 So schuf Gott den Menschen nach seinem Bilde. Nach dem Bilde der Gottheit schuf er ihn, als Mann und Weib schuf er sie.*

*28 Und Gott segnete sie, und er sprach zu ihnen: Seid fruchtbar und mehret euch, und erfüllet die Erde und machet sie euch untertan, und herrschet über die Fische des Meeres und das Gevögel des Himmels und über alles Getier, was sich auf Erden regt.*

*29 Und Gott sprach: Ich gebe euch jetzt alles Kraut, das Samen bringt, auf der ganzen Erde und alle Bäume, die Baumfrüchte tragen, die Samen enthalten; das soll eure Speise sein! 30 Und allem Wild des Feldes und allem Gevögel des Himmels und allem, was auf Erden kriecht und lebendigen Odem in sich hat, gebe ich das Grün des Krautes zur Speise. Und es ward also. 31 Und Gott sah an alles, was er gemacht hatte, und siehe, es war sehr gut. So ward Abend und Morgen: der sechste Tag.* [6]

Zunächst fällt auf: Hier fehlt Eva gänzlich. Zuerst wird nur »der Mensch« erschaffen, und plötzlich sind sie zu zweit, ohne daß der Name »Eva« fiele. Allerdings gibt Gott sofort mit seinem Segen den Hauptbefehl: Wachset und mehret euch! Adam allein hätte ihm schwerlich nachkommen können. Von einer späteren, nachträglichen Erschaffung Evas fällt kein Wort. Wahrscheinlich setzte der Verfasser dieses Textes oder der Redaktor seiner Endfassung voraus, der Leser wisse bereits aus anderen Erzählungen etwas über die je besondere Erschaffung von Frau und Mann. Man darf sich vorstellen, diese Erzählung sei lange Zeit isoliert erzählt worden ohne die nachfolgenden Geschichten von Paradies und Vertreibung, also ohne *Genesis 2–3.* Wer sie hörte, sah den Anfang der Menschheitsgeschichte in harmonischem Licht: Gott krönt sein Schöpfungswerk mit der Schaffung des Menschen, er kündigt seinen Beschluß feierlich an, er setzt den Menschen als seinen Vertreter und sein Ebenbild als Herrscher auf Erden ein. Er kümmert sich um seine Versorgung. Er teilt den Menschen Getreide und Baumfrüchte, den Tieren Gras und Kräuter zu. Er empfiehlt ihnen sexuelle Aktivität. Dieser Gott sieht im Herrschen des Menschen, das man sich nicht ohne Wissen denken kann, keine Konkurrenz zu seiner Weltherrschaft. Von Sünde, von Bestrafung, von später Entdeckung der Sexualität ist hier nicht die Rede. Gott spricht kein Verbot aus, auf dessen Übertretung eine Bestrafung folgen könnte. Daß der Mensch die Gottebenbildlichkeit verscherzen und inzwischen verloren haben könnte, liegt außerhalb jeder Vorstellung.

Auffällig ist, daß Gott redet, als gäbe es ihn in der Mehrzahl. Die christlichen Theologen fanden darin einen Hinweis auf die Dreieinigkeit, gelehrte Kenner des Orients entdeckten darin einen polytheistischen Rest. Die Gewohnheit der Herrscher, von sich selbst im Plural zu reden, dürfte einer späteren Zeit angehören; wendet Gott sich also mit seiner Aufforderung im Plural an seinen Hofstaat von

Gottessöhnen, der ihm bewundernd zusieht, wie er den Menschen formt? Handelt es sich um eine »Stilform der Selbstberatung«? Diese Frage zu entscheiden, liegt außerhalb meines Themas; eher schon gehört hierher, daß Gott die Menschen als Vegetarier geplant hat und daß man deswegen nicht recht weiß, worin die Herrschaft des Menschen über die Tiere genau bestehen sollte. Daß Menschen Fleisch essen, haben spätere Erklärer als Folge der Sünde gewertet; dies erklärt die Fastengebote. Es macht begreiflich, daß in der Endzeit der Wolf ruhig neben dem Lamm lagert. Der Löwe wird Stroh fressen wie heute ein Ochs (*Jesaia* 11). Übrigens steht auch bei Platon und bei Plutarch, die Menschheit habe anfangs kein Fleisch gegessen, weil sie es für ein Unrecht hielt, Tiere zu töten; auch im Goldenen Zeitalter Ovids lebten die Menschen nur von Pflanzen.

Folgenreich war die Aussage: Der Mensch sieht Gott ähnlich, er ist nach seinem Bild gemacht. Gott ist körperlich gedacht; er hat Ohren, Hände, Füße. Allerdings redet diese Erzählung nicht davon, Gott habe den Menschen aus Lehm geformt. Der Gott dieses Kapitels ist ein Wortemacher; er erschafft durch mündlichen Befehl. Der Mensch ähnelt ihm im Aussehen. Da Gott männlich ist, ist schwer einzusehen, wieso die Frau ihm ähnlich sein soll. Vielleicht bezog sich die Ebenbildlichkeit auf das Herrschen über die Tiere. Dann würde der Mensch Gott repräsentieren wie im Orient ein Herrscherbild den fernen König. Jedenfalls bedeutet die Gottebenbildlichkeit: Gott kann mit dem Menschen reden, kann ihm Befehle geben; der Mensch kann ihn bedienen und ihm gehorchen. Er kann sich Gott verweigern, Gott kann ihn bestrafen und insgesamt mit ihm in Wechselwirkung treten, also mit ihm eine längere Geschichte beginnen. Erst die griechische Philosophie und die von ihr Beeinflußten haben aus Gott einen reinen Geist gemacht. Von da an bestand auch die Gottebenbildlichkeit des Menschen in seiner Geistseele, nicht mehr in seinem männlichen Körper. Diese Bibelstelle – *Genesis* 1, 26 – bekam dadurch seit dem 2. Jahrhundert ein außerordentliches Gewicht, das sie in der Hebräischen Bibel nicht hatte; sie wurde nachträglich zur Gründungsurkunde der theologischen Anthropologie mit ihrer charakteristischen Unterscheidung von Geist und Leib, der Platon und Aristoteles vorgearbeitet hatten.

Gott findet nach getaner Arbeit, er habe den Menschen sehr gut gemacht. Das klingt, als habe das jemand bezweifelt. Das wäre bei dem uns bekannten Fortgang der Geschichte nicht verwunderlich, aber hier widerlegt der Schöpfer selbst diese mögliche Ansicht. Was gut ist, muß auch gelobt werden. Loben und Preisen gehören im Orient zu jedem erfolgreichen Tun, vor allem, wenn der Herrscher etwas tut oder getan hat. Man kann ihn nicht anders vorstellen als umgeben von applaudierendem Publikum.

Der Text soll offenbar begründen, warum der Mensch den Sabbat heiligen soll; er betont, die Welterschaffung sei ein Sechstagewerk gewesen, Gott habe am siebten Tag geruht und der Mensch sei am letzten Arbeitstag geschaffen worden; der Mensch steht als Krönung der Schöpfung da. Oder ist es der »Mann«?

Was hier »Mensch« oder »Adam« heißt, darüber sind sich die Kenner des Hebräischen und die Übersetzer nicht ganz einig. Sie streiten, wo in den ersten Kapiteln der *Genesis* »Adam« der Gattungsname für »Mensch« ist und wo das Wort anfängt, Eigenname zu werden. Vielleicht ist das im ersten Bericht überhaupt nicht der Fall, sondern viel später, erst in *Genesis* 3, 17 oder 4, 25. In unserer Erzählung wird Adam geschaffen, der Mensch, im Singular. Aber dann erscheint plötzlich, wie durch einen Bruch im Text (*Genesis* 1, 27), der Plural: als Mann und Frau erschuf er sie.

Der Text ist kurz. Das Verhältnis von Eva und Adam wird nur gestreift. Das hat zu Ausfüllungen und Auslegungen gereizt. Es gab mindestens vier verschiedene Deutungen der Beziehung von Frau und Mann im wenig detaillierten Anfangsstück der Bibel:

Erstens die Deutung im Sinne der philosophischen Ideenlehre. Danach bezöge sich dieser erste, kurze Text, also *Genesis* 1, 26–31, auf die göttliche Grundlegung der *Ideen aller Dinge*. Die zweite Erzählung, also *Genesis* 2–3, berichte nachholend die äußere Verwirklichung der Welt, ihre sozusagen handwerkliche Ausführung mit dem Menschen als Krönung und mit der Geschlechterzweiung als Vorbedingung eines Dramas. Diese Auslegung paßte den alten Text an die Philosophie Platons an; sie findet sich schon in der vorchristlichen jüdischen Religionsphilosophie, z.B. bei Philo.

Unser Bericht führte zweitens zu der These, Gott habe den Menschen als Mann und Frau in *einem* Wesen geschaffen, die Geschlechterdifferenz sei sekundär, sei Abfall von der ursprünglichen Einheit, Folge des Sündenfalls. Daß Mann und Frau ursprünglich eine Einheit waren und daß der Übermensch wegen seines Übermuts in zwei Teile geschnitten worden ist, wie man eine Birne zweiteilt, das erzählt Aristophanes im platonischen *Symposion* (189 d – 191 d). Die frühe östliche Theologie hat dieses Motiv unbefangen entwickelt; der lateinische Westen hat es nach der Verurteilung des Origenes, also seit 400 n. Chr., zurückgedrängt, aber noch im England des 17. Jahrhunderts haben Theologen gegen diese Deutung polemisiert; dies sei die Ansicht »Platons und einiger Juden«.[7] Augustinus berichtet, einige christliche Denker hätten die Erschaffung, die der erste Bericht beschreibt, ausschließlich auf den Geist, auf den inneren Menschen oder die Seele bezogen. Der Mann, das war nach ihrer Deutung der Intellekt, also die tiefere Einsicht, die auf den Grund der Dinge gerichtet sei; die Frau bedeute die Sorge um zeitliche Dinge: Die höhere Vernunft, dargestellt durch den Mann, gebe Anweisungen, die niedere

Vernunft führe sie aus. Augustin gibt zu bedenken, auch die Frau sei als Geistwesen als Bild Gottes geschaffen; in der ewigen Vollendung werde es weder Frau noch Mann geben, allerdings sei der Körper der Frau Sinnbild der Unterordnung: sage Paulus doch, nur der Mann sei Bild (imago) und Herrlichkeit (gloria Dei), die Frau aber die Herrlichkeit oder der Glanz (gloria) des Mannes (1. *Korinther* 11, 7). Klarer ausgedrückt: Bei Paulus ist der Mann das Ebenbild Gottes, die Frau ist das Ebenbild des Mannes. Spätere Theologen hatten mit dieser Ansicht ihre Schwierigkeiten. Denn nachdem durchgesetzt war, daß die Gottebenbildlichkeit in der Geistseele bestehe, mußte die Frau genauso Gottes Ebenbild werden wie der Mann, allerdings aufgrund ihres geschlechtslos, d.h. männlich vorgestellten »Geistes«. Die griechische Geistphilosophie hat im Werk der Kirchenväter gesiegt, gegen Paulus.

Diese Vorstellung von Glanz und Herrlichkeit (gloria) ist so befremdlich und so wichtig wie das Interesse an Lobpreis: Gott hat seine Ehre, seine gloria, wenn wir ihn loben beim Anblick seiner Werke, also besonders des Mannes; der Mann hat seine gloria, wenn er eine besonders schöne, kluge, junge Frau besitzt. Sein Glanz, seine gloria, das ist sein Sexualprestige.

Augustin polemisierte gegen die Theorie der androgynen Erschaffung [8] und eröffnete damit eine bis ins 20. Jahrhundert nachweisbare, auffallend heftige Abwehr der Idee des androgynen Adam. Westlichen Theologen mißfiel die Theorie, die »Rippe«, die Gott dem Adam wegnimmt, um daraus Eva zu »bilden«, seien die weiblichen Geschlechtsorgane gewesen, die im Urmenschen mit den männlichen koexistiert hätten. Dabei klang der Bibelvers 1 *Genesis* 1, 27 in der Übersetzung zweideutig. Er sagte: Gott erschuf *ihn* (in der Vulgata: creavit *illum*), und im selben Satz: als Mann und Frau erschuf er *sie* (masculum et feminam creavit *eos*). Was waren wohl Augustins Motive für seine erregte Ablehnung? Paulus hatte die Ehe heruntergeredet; besser sei es, keine Frau anzufassen, und möglichst sollten alle Christen ehelos bleiben wie er (1. *Korinther* 7). Im antiken Christentum kam die altrömische Auffassung der Ehe nur langsam wieder zur Geltung; das Ideal der Jungfräulichkeit, die normative Figur des Philosophen und männliche Suprematievorstellungen wirkten retardierend. Einige Theologiehistoriker heben einseitig hervor, Augustin habe aus antimanichäischer Hochschätzung der gottgegebenen natürlichen Sexualität den androgynen Urmenschen abgelehnt. Dazu bemerke ich mit dem französischen Fabeldichter: Ça, c'est son moindre défaut. »Das ist sein geringster Fehler.« Die Frage war eher: Stand am Anfang der Mann oder der Mensch? Und Augustin antwortete: der Mann. Die Polemik gegen den zweigeschlechtlichen Adam durchzieht die Geschichte der Theologie bis ins 20. Jahrhundert, und ihre Heftigkeit erklärt sich aus zwei Wurzeln: Sie war antijüdisch, denn der zweigeschlechtliche Erstmensch galt als »Fabel der Juden«, und sie diente der Bekämpfung der Homosexualität, vor allem der des Klerus, denn die Rede vom androgynen Adam galt als Verteidigung des Geschlechtsverkehrs unter Männern.[9] Philosophen, Juristen und Mediziner hatten ein Interesse an der Prämisse, jedes Wirkliche müsse eindeutig sein; Theologen erklärten, dies sei der Wille des weisen Gottes: Es sollte keine Zwischenwesen geben und schon gar keine Vereinigung der Gegensätze. Wer die Welt reglementieren wollte, brauchte Bezugspunkte, die klar definiert waren, entweder als Mann oder als Frau. Außerdem schätzten Theologen in der Auseinandersetzung mit den Katharern, die am Sakrament der Ehe zweifelten, den Nachweis, daß die Zweigeschlechtlichkeit in der Absicht Gottes gelegen habe. Der Bibelerklärer Nikolaus von Lyra (+1349) argumentiert gegen die »jüdische« Auslegung des androgynen Urmenschen: Ein zwiegeschlechtliches Wesen ist ein Monstrum, vergleichbar siamesischen Zwillingen, es wäre nicht vernunftgemäß (rationabile) anzunehmen, der weise Weltenbaumeister habe einen solchen Kunstfehler begangen, zumal der Mensch das vornehmste aller Wesen sei.[10] Augustins Theorie wurde also durch aristotelisch-philosophische Argumente verstärkt und dominierte, konnte sich aber nicht völlig durchsetzen. Der Mythos vom androgynen Urmenschen kehrte immer wieder einmal zurück. Einige illustrierte Handschriften der *Genesis* zeigen keine separate Erschaffung Evas, vermeiden das Hervorgehen Evas aus Adams Seite; sie zeigen Eva und Adam nebeneinander liegend; auch die Domtür von Pisa zeigt dieses Bild.[11]

Der erste Bericht von der Erschaffung des Menschen wurde noch auf eine dritte Art interpretiert: Gott habe zuerst nicht Adam, sondern einen Erstmenschen geschaffen, der nicht den Eigennamen »Adam« trug. Dieser habe sich vermehrt, seine Nachkommen, die sog. Präadamiten, hätten sich auf der Erde ausgebreitet. Gott habe dann in einer zweiten Aktion Adam als den Stammvater der Juden erschaffen. Diese Theorie hatte einen großen Vorzug: Sie erklärte, daß man bei der Entdeckung Amerikas und Australiens Ureinwohner vorfand, die kaum Nachkommen Adams sein konnten.

Der erste Schöpfungsbericht ließ sich noch auf eine vierte Art lesen: Es regte die Phantasie jüdischer, arabischer und christlicher Erzähler an, daß das erste Kapitel der Bibel von einer Frau sprach, die nicht den Namen »Eva« trug. Dann war sie eine andere Frau, die mit der im nächsten Kapitel erst erschaffenen Eva nichts zu tun hatte. Diese erste Frau Adams, aus der Erde erschaffen wie er, habe vor Evas Apfelbiß das Paradies verlassen; sie soll Lilith geheißen haben, erzählte man im Anschluß an *Jesaia* 34, 14, und man stellte sie sich als wild, sexuell gierig, ohne die Erkenntnis von Gut und Böse vor. Sie soll mit Adam zusammen Dämonen erzeugt haben, die nun die Welt durchschwärmen. Sie habe gleiche Rechte gefordert wie er, sie sei mit ihm in Streit geraten über die Positionen beim Koitus und habe deshalb Adam verlassen und sei zu den Dämonen geflohen. Seitdem treibe sie ihr nächtliches Unwesen, töte kleine Kinder und erzeuge in Männern sexuelle Träume. Sie war eine weibliche Dämonin, des »Teufels Großmutter«, auch seine Konkubine oder die dämonische Urnatur der Frau, ohne Adams domestizierende Oberaufsicht, ohne Sündenbewußtsein, also ohne moralische Gebrochenheit.[12]

### 3. Eva entsteht aus der Rippe

Der zweite Bericht am Anfang der Bibel, *Genesis* 2, 4 b – 25, geht mehr ins einzelne und berichtet anschaulich die Details: Gott erschafft hier nicht kraft seines Wortes, er schwebt nicht über allem, sondern legt Hand an, er bildet Adam aus Lehm, und zwar in einer kahlen Welt, ohne Baum und Strauch, und versetzt ihn danach erst ins Paradies; er erschafft erst *nach* ihm die Tiere. Gott veranstaltet eine Tierschau, die in Adam den Wunsch entstehen läßt, er brauche eine gleichgeartete »Gehülfin« (so sagten Theologen noch weit ins 20. Jahrhundert hinein, und dieser archaische Ausdruck empfiehlt sich, wenn ein Mann seiner Frau ihre Bestimmung klarmachen will).

Dieser zweite phantasiereiche Bericht wurde für die Folgezeit wichtiger als der erste. Er schuf die Bilder, an die Künstler und Prediger sich halten konnten. Theologen, die jedes buchstäbliche Detail für Gottes Wort hielten, gerieten hier in Erklärungsnot und mußten sich etwas einfallen lassen; diese genaue Ausmalung brachte sie in Konflikte mit Naturforschern und Philosophen. Mit denen lagen sie ohnehin seit 1600 im Streit wegen des Sechstagewerks von *Genesis* 1, besonders wegen des Himmelsgewölbes, wegen der Sterne als Leuchten für das irdische Leben, wegen des Firmaments, wegen des Wassers unter und über dem Firmament und wegen der Stellung der Erde im All. Aber *Genesis* 2 enthielt noch mehr Streitpunkte. Der Text war außerordentlich folgenreich; ich muß ihn mit wenigen Kürzungen hierher setzen:

*2, 4 b Zur Zeit, da Jahve Gott Erde und Himmel schuf – 5 als noch keine Sträucher auf Erden waren und keine Kräuter gewachsen waren, weil Jahve Gott noch nicht hatte regnen lassen auf Erden und Menschen noch nicht waren, den Acker zu bebauen; 6 ein Strom brach aus der Erde hervor und tränkte die ganze Fläche des Ackers – 7 da formte Jahve Gott den Menschen aus Staub aus dem Acker, und er blies ihm den Odem des Lebens in die Nase; so wurde der Mensch ein lebendiges Wesen. 8 Da pflanzte Gott einen*

Garten in Eden, fern im Osten, und setzte den Menschen, den er geformt hatte, darein.
9 Dann ließ Jahve Gott aus dem Acker allerlei Bäume sprießen, prächtig anzuschauen und lieblich zu essen, und den Baum des Lebens mitten im Garten und den Baum der Erkenntnis von Gut und Böse...
15 Dann nahm Jahve Gott den Menschen und setzte ihn in den Garten von Eden, ihn zu bebauen und zu bewahren. 16 Nun gab Jahve Gott dem Menschen den Befehl: Von allen Bäumen des Gartens darfst du essen, so viel du willst, 17 aber vom Baume der Erkenntnis von Gut und Böse, von dem darfst du nicht essen, denn am Tage, wo du von dem isset, mußt du des Todes sterben! 18 Dann sprach Jahve Gott: Es ist nicht gut, daß der Mensch allein sei; ich will ihm ein Wesen verschaffen, das ihm beisteht und zu ihm paßt. 19 So formte Jahve Gott weiter aus dem Acker alles Getier des Feldes und alle Vögel des Himmels und brachte sie zum Menschen, um zu sehen, was er dazu sagen würde; und was der Mensch zu ihnen sagen würde, genau so sollten sie auch heißen. 20 So sagte der Mensch die Namen allem Vieh und den Vögeln des Himmels und allem Getiere des Feldes. Aber für einen Menschen fand er kein Wesen darunter, das ihm hätte beistehn und zu ihm passen können. 21 Da ließ Gott einen Tiefschlaf auf den Menschen fallen, daß er entschlief, dann nahm er eine seiner Rippen und füllte die Lücke mit Fleisch aus. 22 Die Rippe aber, die er dem Menschen entnommen hatte, baute Jahve Gott zu einem Weibe aus und brachte sie dann zum Menschen.
23 Da sprach der Mensch:
Diese endlich
Ist Bein von meinem Bein
Und Fleisch von meinem Fleisch;
Diese soll Männin heißen, denn vom Mann ist sie genommen.
24 Darum läßt der Mann Vater und Mutter und hängt dem Weibe an, so daß sie ein einziger Leib werden. 25 Die beiden aber, Mann und Weib, waren nackend und schämten sich nicht.[13]

Vergleicht man die Berichte miteinander, so fällt schon beim ersten Lesen auf: In diesem zweiten Bericht hat Gott einen anderen Namen als im ersten. Im ersten hieß er Elohim, hier heißt er Jahve. Dieser Bericht ist insgesamt anschaulicher als der erste; er wirkt volkstümlicher. Er erzählt naiver: Der Lebensgeist wird eingeblasen durch die Nase; das Paradies liegt im Osten, es existiert noch, vermutlich als Oase jenseits oder inmitten der riesigen syrisch-arabischen Wüste; es gibt einen Baum, dessen Früchte unsterblich machen; ein zweiter Baum verleiht die Erkenntnis von Gut und Böse. Gott wirkt hier weniger erhaben. Er formt Menschen aus feuchtem Staub wie in anderen Kosmogonien die Sonne aus dem Urschlamm Pflanzen und Tiere herausformt. Er schafft nicht wie im jüngeren Bericht beide,

Mann und Frau, zusammen, sondern in zeitlicher und damit in hierarchischer Abfolge den Mann zuerst; und er versucht erst einmal, dem Mann, also: dem Menschen, Tiere als Gehilfen zuzuführen. Von Herrschaft über die Tiere ist nicht die Rede; das Verhältnis zu den Tieren ist hier enger, aber Adam ist es nicht eng genug. Adam beurteilt besser als Jahve, was zu ihm paßt. Jahve führt Adam die Tiere vor, um ihm Gesellschaft zu verschaffen, hat aber mit seiner Vorstellung wenig Erfolg; Gott nimmt ihm die Kritik nicht übel, sondern modelliert Eva aus einer Rippe, nicht ohne zuvor die Lücke ausgebessert zu haben, die durch die Wegnahme der Rippe entstanden ist. Adam quittiert diesen Versuch, ihm Gesellschaft zu schaffen, mit Jubel. Die Geschichte mit der Rippe erklärt das sexuelle Interesse des Mannes: Fleisch will wieder zu Fleisch. Was ursprünglich zusammen war, drängt zueinander. Augustinus sah die Sache subtiler: Die Frau ist aus dem harten Rippenknochen gemacht und erhielt dadurch Festigkeit; Adam verlor eine Rippe, und da sie nicht durch Knochen, sondern durch Fleisch ersetzt worden ist, wurde er durch Evas Erschaffung weicher und schwächer.[14] Immerhin: Adam hatte in seinem Tiefschlaf, Augustin zufolge, eine prophetische Vision. Er sah: Aus der Seitenwunde Jesu wird die Kirche entstehen, so wie jetzt aus seiner Seite Eva gebildet worden ist.[15]

Wichtig ist die Namensgebung: Adam, der hebräisch spricht, benennt zuerst die Tiere, dann die Frau. Er nennt sie »Männin«, weil sie vom Mann genommen ist. Der Mann ist der Mensch, die Männin ist seine Hilfe, vor allem bei der Aufgabe, den Erdkreis mit Menschen zu füllen. Im Hinblick auf diese Aufgabe nennt Adam sie später – an merkwürdig unpassender Stelle, zumal sie noch nicht geboren hat – »Eva«, »Mutter alles Lebendigen« (*Genesis* 3, 20). Von gleichem Rang der Geschlechter ist nicht die Rede, übrigens auch nicht von der Ehe. Adam war zuerst da, und er hatte das Herrschaftsrecht der Namensgebung – über die Frau wie über die Tiere.

Diese Erzählung konzentriert sich auf das Paradies und auf die Vertreibung; sie berichtet genau von der Entstehung Evas; die einleitend skizzierte Schöpfungsgeschichte bildet den knapp gezeichneten Hintergrund. Diese Erzählung malt aus, die erste führt eine andere Konzeption im Grundriß vor. Der zweite Bericht gibt sich nicht als Ergänzung oder Erklärung des ersten; er setzt diesen nicht voraus. Bei genauerem Hinsehen sind die beiden Erzählungen unvereinbar. Die Reihenfolge der Hervorbringungen Gottes ist eine völlig andere; der zweite Bericht läßt die Tiere erst nach dem Menschen entstehen; er nimmt auf die Wocheneinteilung keine Rücksicht. Ich werde auf ihn zurückkommen und an seiner Hand die einzelnen Stadien unserer Urgeschichte durchgehen. Die ältere Erzählung geht weiter (bis *Genesis* 3, 24): Sie motiviert die Entstehung der Frau, berichtet von Gottes

Eßverbot, ohne es irgendwie zu erklären; sie erzählt vom Sündenfall und von der Bestrafung der ersten Menschen; von Gottähnlichkeit ist nicht die Rede. Auch nicht von der Herrschaft über die Tiere. Diese wäre ohne Wissen schwer durchzuhalten; Wissen aber gilt hier als Raub am Privileg der Gottheit.

Es empfiehlt sich, die beiden Berichte von der Entstehung des ersten Menschenpaars, also *Genesis* 1, 25–31 und andererseits *Genesis* 2, 18–25, getrennt zu lesen. Sie gehören verschiedenen geschichtlichen Welten an; sie haben von Gott und Mensch, von Frau und Mann sehr verschiedene Vorstellungen. Im ersten Bericht ist der Mensch für die ganze Erde bestimmt, im zweiten für das Paradies. Im ersten Bericht gibt es nur das Gebot der Fortpflanzung, kein Verbot, keine Schlange, keine Verjagung. Auch ihr Stil ist verschieden: Der erste faßt lapidar, fast abstrakt zusammen und erhebt sich zur Feierlichkeit; der zweite, ältere erzählt orientalisch-phantasiereich. Wahrscheinlich liegen zwischen ihrer Entstehung einige Jahrhunderte. Die besten Fachleute versichern, der erste Text, mit dem die Bibel beginnt, sei weitaus jünger als der zweite, *Genesis* 2–3; er könnte mit der Absicht geschrieben sein, diesen zu korrigieren. In der älteren Erzählung heißt Gott »Jahve«. »Er geht abends wie es kühl wird im Garten spazieren, dabei entdeckt er zufällig die Übertretung und führt eine Untersuchung, in welcher er von seiner Allwissenheit nicht den mindesten Gebrauch macht« (Johannes Wellhausen). Dieser Gott geht im Garten spazieren und wohnt also wohl dort, nicht im Himmel; er war der Gott seines Volkes, noch nicht der Begründer der ganzen Welt. Die Anordnung im heutigen Bibeltext dreht also – aller Wahrscheinlichkeit nach – die historische Reihenfolge der Erzählungen vom Anfang der Menschen um: Der ältere Anfang, der nun an zweiter Stelle steht, dürfte um 900 vor Christus seine Form gefunden haben; er antwortet zwar auf die Frage, woher Pflanzen und Tiere kommen, warum es den Mann zur Geschlechtsgemeinschaft mit der Frau zieht, aber von der Entstehung des Himmels, der Erde und des Meeres erzählt er nichts. Davon spricht der jüngere Text, mit dem heute die Bibel beginnt, der »Gott« nicht mehr »Jahve« nennt und der wohl ins sechste vorchristliche Jahrhundert gehört. Er antwortet auf die Frage, was am Anfang war und in welcher Reihenfolge alles entstanden ist. Er weiß nichts von Paradies und Sündenfall; er bewertet die geschlechtliche Fortpflanzung positiv, nicht als Sündenfolge, sondern als Ausführung des göttlichen Befehls, das Bild Gottes über die ganze Erde auszubreiten.

## 4. Eva greift nach dem Apfel

Sie waren nackt, aber sie schämten sich nicht – mit dieser Bemerkung schließt die Beschreibung des Lebens im Paradies am Ende des zweiten Kapitels der *Genesis*. Dieser Vers (*Genesis* 2, 25) hat nur Sinn, wenn sie sich später ihrer Nacktheit geschämt haben; er greift vor auf die Erzählung vom Sündenfall. Insofern gehören das dritte und das zweite Kapitel zusammen. Am Ende soll klar sein: Wir haben das Paradies schuldhaft verloren; wir haben Erkenntnis gewonnen, aber das Glück verscherzt. Wir wissen, daß wir sterblich sind, und jetzt wissen wir auch, warum wir es sind. Bisher lag Morgensonne über dem Anfang der Menschheit. Ein fürsorglicher Gott wollte das Leben und die Ausbreitung der Menschen; er verschaffte Adam die Gehilfin, die er suchte und im Tierreich nicht fand. Adam hatte Grund zum Jubeln. Jetzt mit der Sündenfallerzählung schlägt die Stimmung um; der Vater Gott tritt als Richter und Rächer auf. Das Erdenleben wird zur Strafkolonie, und bei diesem urgeschichtlichen Umschlag ins Düstere spielt Eva die entscheidende Rolle. Hier ist der Text, *Genesis* 3, 1 – 24:[16]

*3, 1 Nun war die Schlange listiger als alle Tiere des Feldes, die Jahve Gott geschaffen hatte; sie sprach zum Weibe: Sollte Gott euch denn wirklich verboten haben, von allen Bäumen des Gartens zu essen? 2 Das Weib erwiderte der Schlange: Von den Früchten der Bäume im Garten dürfen wir essen; 3 nur von den Früchten des Baumes mitten im Garten hat Gott befohlen: ihr sollt nicht davon essen noch sie berühren, sonst müßt ihr sterben. 4 Da sprach die Schlange zum Weibe: Mitnichten werdet ihr sterben! 5 Sondern Gott weiß wohl, daß sich euch, sobald ihr davon eßt, die Augen auftun: dann werdet ihr wie Gott selber sein und erkennen, was Gut und Böse ist. 6 Da sah das Weib, wie köstlich der Baum zu essen war und wie herrlich anzuschauen, und wie prächtig zu betrachten; so nahm sie von seinen Früchten, aß und gab auch ihrem Mann neben ihr; und der aß auch. 7 Da taten sich ihnen beiden die Augen auf, und sie erkannten, – daß sie nackend waren; so nähten sie sich Feigenblätter zusammen und machten sich Schürzen daraus. – 8 Als sie nun die Schritte Jahves Gottes hörten, der sich beim Tageswinde im Garten erging, da versteckten sich Mann und Frau vor Jahve Gott mitten unter den Bäumen im Garten. 9 Jahve Gott aber rief dem Menschen und sprach zu ihm: Wo bist du? 10 Er sprach: Ich habe wohl deine Schritte im Garten gehört; aber ich scheute mich, ich bin ja nackend, da habe ich mich versteckt. 11 Er sprach: Wer hat dir kund getan, daß du nackend bist? Du hast doch nicht von dem Baume gegessen, von dem ich dir zu essen verboten hatte? 12 Der Mensch sprach: Das*

Weib, das du mir beigesellt hast, die hat mir von dem Baume gegeben; da hab ich gegessen. 13 Da sprach Gott zum Weibe: Was hast du getan? Das Weib sprach: Die Schlange hat mich verführt; da hab ich gegessen. 14 Da sprach Jahve Gott zur Schlange: Weil du das getan hast:

Verflucht seist du vor allem Vieh,
    vor allem Getier des Feldes!
Auf dem Bauche sollst du kriechen,
Staub sollst du fressen,
    alle Tage deines Lebens!

15 Feindschaft setz' ich zwischen dir und dem Weibe,
    zwischen deinem und ihrem Samen:
Er trete dir nach dem Haupt,
    du schnappe ihm nach der Ferse!

16 Und zum Weibe sprach er:
    Viel will ich dir Mühsal und Seufzer bereiten;
        Mühselig mußt du Kinder gebären!
Nach deinem Manne gehe deine Sehnsucht, er aber sei dein Herr!

17 Zum Manne aber sprach er: Weil du deinem Weibe gehorcht und von dem Baume gegessen hast, von dem ich dir zu essen verboten hatte:
    Verflucht sei der Acker um deinetwillen,
    mit Mühsal sollst du von ihm essen alle Tage deines Lebens!
18 Dorn und Distel soll er dir tragen;
        Und du mußt essen das Kraut des Feldes;
19 Im Schweiß deines Angesichtes sollst du Brot essen,
bis du zum Acker zurückkehrst, denn von ihm bist du entnommen,
denn Staub bist du und zum Staube mußt du zurück!

20 Der Mann nannte sein Weib Hawwa (Eva), denn sie ist die Mutter alles Lebendigen geworden.

21 Jahve Gott machte dem Manne und seinem Weibe Kleider aus Fell und zog sie ihnen an.

22 Jahve Gott sprach: Der Mensch ist ja geworden wie unser einer, daß er von Gut und Böse weiß; nun aber, daß er nur nicht die Hand ausstrecke und sich auch vom Baum des Lebens nehme und esse und unsterblich werde! 23 So schickte ihn Gott aus dem Garten von Eden, den Acker zu bebauen, aus dem er genommen war. 24 So trieb er den Menschen aus und ließ östlich vom Garten von Eden die Keruben sich lagern und die Flammen des zuckenden Schwertes, um den Weg zum Lebensbaume zu bewachen.

Die Erzählung von Verführung und Vertreibung ist ein Meisterstück der älteren Literatur. Die Sünde beginnt bei der Schlange und nimmt ihren Weg über die Frau zum »Menschen«. Die Schlange redet klug und geschickt, stellt das Verbot übertrieben dar, so daß Eva die Schlange korrigiert. Das Verbot war nur an Adam ergangen; das Gespräch offenbart, daß Eva den Willen Gottes genau kennt. Adams Sünde wird nur knapp genannt. Die Erzählung sagt nichts über die botanische Art der verbotenen Frucht; die frühen Christen schwankten, ob es sich um eine Feige oder um eine Weintraube gehandelt habe; erst seit dem 5. Jahrhundert setzte sich der Apfel durch. Ich halte mich gläubig an diese Version und lasse die reizvolle Frage offen, warum der Apfel sich gegenüber Feige und Traube durchsetzen konnte. Die Strafrede Gottes hält sich an die Reihenfolge: Schlange – Eva – Adam, steigert aber die Strafe: Die Schlange muß im Staub kriechen und wird vom Menschen zertreten; Eva wird bestraft durch die Qual der Geburt und durch die sklavische Unterordnung unter ihren Herrn, zu dem sie paradoxerweise ihre Begierde auch noch treibt; Adam wird bestraft durch die Mühsal der Bauernarbeit auf einem verfluchten Boden; aber ihm allein, dem Mann aus Erde, wird die Rückkehr zur Erde, also der Tod, angedroht, und zwar für den Tag des Apfelbisses. Davon, daß Adam vorher unsterblich gewesen wäre, sagt der Text nichts. Der Tod tritt gar nicht ein, so daß die Schlange zunächst recht behält mit der Vorhersage, »Mitnichten werdet ihr sterben!« Daß die Schlange die Wahrheit sagt und Gott der Herr sie verfehlt, das schuf späteren Theologen Schwierigkeiten, die sie, wie wir sehen werden, ingeniös zu lösen wußten.

Die Schlange, aber auch Gott selbst und der Erzähler sind überzeugt, daß die Menschen mit dem Apfelbiß Gott ähnlich geworden sind durch die Erkenntnis. Diese »Erkenntnis von Gut und Böse« werden wir nicht mit dem Erkenntnisdrang Fausts verwechseln. Es ist die Erkenntnis, daß sie das Verbot übertreten haben, daß sie Nutzen und Schaden nicht überlegt haben, und zu allererst, daß sie nackt sind. Von der Geburt theoretischer Neugierde oder des Gewissens ist keine Rede. Schon im Altertum hat man gefragt: Wenn Eva und Adam *vor* dem Griff nach dem Apfel keine Kenntnis von Gut und Böse hatten, wie konnten sie dann wissen, daß ihre Tat böse war? Waren sie dann nicht wie Kinder, denen man keine Schuld zuweisen kann? Mußten sie dann nicht zum Apfel greifen, um geistig wach und moralisch reif zu werden?

Die Erzählung weiß nichts von Gottebenbildlichkeit, schon gar nicht durch geistige Erkenntnis; sie trägt eine Reihe altertümlicher Züge:

Die Schlange spricht, wird aber keineswegs als Satan enttarnt: der Teufel existiert hier noch nicht; dem Sündenfall der Menschen geht kein Engelsturz voraus; die Verführung Evas geschieht noch nicht aus Neid der Dämonen.

Die Frau ist die Verführbare. Was sie verlockt, ist nach Vers 6 nicht nur die Aussicht auf Gottähnlichkeit, sondern das einladende Aussehen der Früchte; die ersten Menschen gewinnen durch Apfelessen Erkenntnis; Gott geht spazieren und sucht Adam, nicht Eva; allein Adam ist sein Rechtspartner. Gott arbeitet mit den Händen; er mißgönnt den Menschen Erkenntnis und ewiges Leben. Die Idee der Gottebenbildlichkeit fehlt; sie hätte schwer begreiflich gemacht, wie ein halbgöttliches Wesen so schnell der Versuchung verfallen konnte. Gott erfährt wie durch Zufall vom Apfelessen; er muß sich nach dem Vorfall erkundigen; er findet die menschengemachten Schürzen aus Feigenblättern ungenügend, näht persönlich aus Fellen Kleider und zieht sie selbst den Menschen an; soeben hat er sie zum Tod verurteilt, gleich darauf umsorgt er sie väterlich, schlachtet für sie Tiere, näht ihnen Fellröcke und zieht sie ihnen über. Der Herr wirkt nicht völlig ausgeglichen, denn sofort, nachdem er ihnen die Mühe abgenommen hat, sich selbst Kleider zu nähen, jagt er sie hinaus in die Wüste; er bleibt bei seiner Verfluchung; er gönnt den Menschen keineswegs das ewige Leben. Er vollzieht aber nicht die angekündigte Hinrichtung. Hatte er einen Augenblick der Reue wegen seiner Härte? Doch seine gnädige Stimmung hält nicht an; sofort schlüpft er wieder in die Rolle des Rächers. Er klagt, daß er sein Privileg der Erkenntnis verloren hat und befürchtet, der Mensch könnte ihm auch noch das göttliche Vorrecht ewigen Lebens rauben. Deswegen sperrt er den Zugang zum Baum des Lebens, er bangt um seinen einzigartigen Vorrang; er stellt zwei Cherubime vor das Paradies, Cherubime sind geflügelte Mischwesen zwischen Adler, Löwe, Stier und Mensch. Die Maler geben den Cherubimen das feurige Schwert in die Hand, aber der Text spricht von einem flammenden Zauberschwert wie von einem selbständigen beseelten Wesen, das vor dem Paradiesestor in der Luft schwebt und die Rückkehr unmöglich macht.

Die Erzählung von Verführung und Vertreibung aus dem Paradies schließt an die Erzählung von der Erschaffung Evas in Kapitel 2 an, unterscheidet sich aber von ihr durch die eher pessimistische Betrachtung des menschlichen Lebens. Der Mensch hat zwar Erkenntnis hinzugewonnen, aber der Abstand zu Gott hat sich vergrößert. Die Geschichte erklärt, was wir verloren haben; sie beschreibt das gegenwärtige Leben als außer-paradiesisch, bestimmt durch Mühsal und Schmerzen. Die infauste Entwicklung kondensiert sich im Motiv des *Ackers*: Soeben hatte Gott ihn vorsorgend bepflanzt, er hat aus dem Acker wie ein Keramikkünstler den Menschen gebildet, dann verflucht er den Acker, sät Dornen und Disteln, von nun an will er, daß der Mensch, der aus dem Staub kommt, zum Staub zurückkehrt. Eva ist das einzige Lebewesen, das nicht aus Erde gemacht ist. Sie ist der einzige Mensch, der im Paradies entstanden ist. Die Todesdrohung in Vers 19 richtet sich an Adam, nicht an sie; nur als Rechtsanhang Adams ist sie mitbetroffen. In Vers 20 wird ihr Name

Hawwa oder Eva erstmals genannt und auch erklärt, aber dieser Satz wirkt im Text wie ein Einsprengsel, zumal sie schon vorher, in *Genesis 2, 23*, ihren dort besser begründeten Namen erhalten hatte: Männin.

Stilistisch unterscheidet sich die Geschichte der Verführung und Vertreibung, also *Genesis 3*, von der vorangehenden Erzählung (*Genesis 2*), der Erschaffung des Menschen; sie ist straffer aufgebaut, gliedert sich in dramatische Dialoge, baut mit schriftstellerischer Kunst ihren Handlungsbogen. Man kann sich denken, die beiden Geschichten von *Genesis 2* und von *Genesis 3* seien ursprünglich getrennt erzählt worden; manches deutet darauf hin. Aber dann sind sie früh verbunden worden. So ist z.B. vom Baum des Lebens in 2, 9 isoliert die Rede, die Folgehandlung dreht sich nur um den Baum der Erkenntnis. Daher konnte man fragen: Gibt es in der Mitte des Gottesgartens *einen* Baum oder zwei? Aber in 3, 22 bezieht sich Gottes Handlung auf den Baum des Lebens; Gott blockiert den Zugang zu ihm. Also bilden die beiden Erzählungen bei manchen Differenzen doch eine Einheit; in beiden ist – im Unterschied zu *Genesis 1* – der Gottesname Jahve gebraucht; beide dürften zum ältesten Bestand der Hebräischen Bibel zählen. Beide zusammen haben das Bild von Eva und Adam bestimmt.

## III. AUSLEGUNGEN

### 1. Legenden

Die orientalische Erzählfreude hat es nicht bei den kurzen Berichten der *Genesis* belassen. Die heiligen Texte ließen Lücken, waren ausbaufähig. Viele Menschen wollten es genauer wissen, und so entstanden schon früh, im Judentum, weitere Erzählungen über die Stammeltern. Soweit sie nicht in die offizielle Bibel aufgenommen worden sind, nennen Theologen sie leicht despektierlich »Apokryphen«. Geben sie sich fälschlich als das Werk einer bekannten Autorität, heißen sie die »Pseudepigraphen«. Mögen Theologen solche Texte zurückstufen, dem Historiker sind sie unentbehrlich, weil sie in der Detailfreude noch weiter gehen als der zweite *Genesis*-Bericht. Kultur- und kunstgeschichtlich wirksame Texte waren: *Das Leben Adams und Evas*[17] und das *Buch der Jubiläen*,[18] das äthiopische *Adam-Buch* und das syrische *Schatzhöhlenbuch*.[19] Dieser letzte Text, um 350 in Syrien nach jüdischen Quellen entstanden, kennt Adam noch ohne die Augustinische

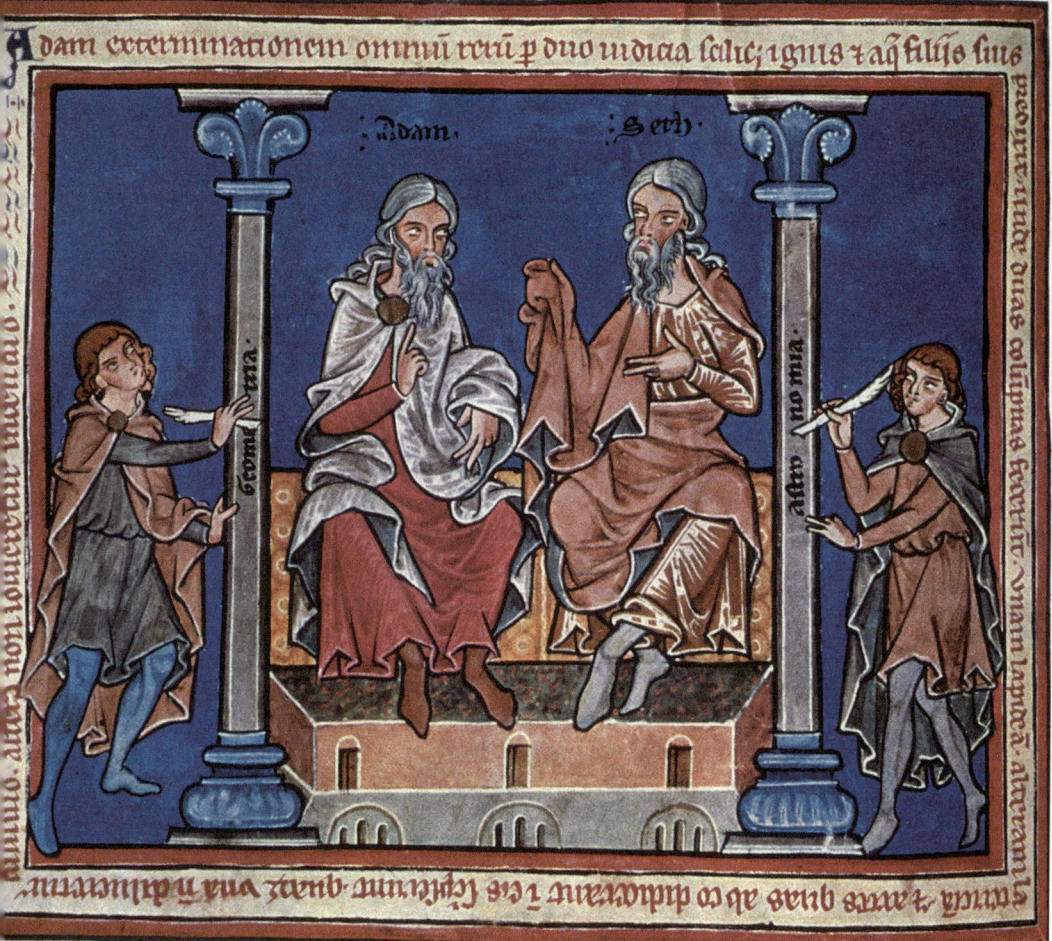

Erbsündenlast.[20] Dieser Adam belehrt seinen Sohn Seth in den Wissenschaften. Adam war Prophet; er sah die Sintflut und Brandkatastrophen voraus; er wollte das von Gott verliehene Wissen für künftige Generationen sichern.

Mittelalterliche Buchmaler griffen dies auf: Die Kölner *Königschronik*, um 1240 in Aachen entstanden (heute in Brüssel, Monumenta Judaica, Handbuch, Köln 1963) zeigt Adam als Weisen, der Seth die Geometrie und Astronomie lehrt.

Dieser altgewordene Adam, längst außerhalb des Paradieses, residiert würdevoll, königlich; er sieht Gottvater ähnlich. Er ist vorausschauend besorgt um das Wissensniveau der künftigen, von Katastrophen bedrohten Generationen; er läßt seine geometrischen und astronomischen Einsichten eingravieren in zwei Säulen, von denen er prophetisch vorausweiß, daß sie Feuer- und Wasserkatastrophen überdauern werden. Es war im 13. Jahrhundert möglich, Adam auch anders zu sehen, nie nur den Sünder; er behielt Züge des Oberhauptes der Menschheit, der edle, erwählte Patriarch, einmal ohne die Augustinische Erbsündenlehre und außerhalb ihrer: Er war Gottes Ebenbild, von Gott selbst über die Natur der Dinge belehrt; er war Lehrer, Herrscher, Prophet. Er war der »Typus« Christi. Die Ausdrücke »Typus« und »Typologie« spielten eine wichtige Rolle in der christlichen Auslegung der Hebräischen Bibel, die Personen des Alten Testaments als Vorankündigung, als »Figur« oder »Typus« neutestamentlicher Personen deutete. In dieser Auslegung verwies Adam auf Christus. Das konnte man gegen ihn verwenden, hatte er doch, Paulus zufolge, verdorben, was Christus geheilt hat. Aber auch dagegen gab es »apokryphe« Autoritäten wie das *Nikodemusevangelium*. Es erzählte, Adam habe seinem Sohn aufgetragen, ihn auf Golgata, der Schädelstätte, zu bestatten, damit Christi Blut seinen Scheitel benetzt und ihm sein Amt als Priester und Prophet zurückgibt. Selbst Eva konnte von dieser Hochschätzung der Uralten profitieren, vor allem, seit im 12. Jahrhundert Maria aufgewertet worden ist; sie war der Typus der Maria, und jetzt wußte man zu ihrem Preis, daß sie im Paradies jungfräulich geblieben war – dabei hatte Gott sie doch nur zum Zweck der Fortpflanzung erfunden. Zuweilen, wie am Sarkophag von Velletri, nahm sie Züge der Aphrodite-Darstellung an. Paulus hatte sich auf Adam, den Ursünder konzentriert. Er hatte Eva zurückgedrängt und Adam als Negativfigur zum Erlöser konstruiert. Augustin hat die Sündenlehre des Paulus in *Römer* 5–9 und 1 *Korinther* 15 ausgebaut, verschärft und im lateinischen Westen allgegenwärtig gesetzt; die Reformatoren haben sie bestätigt und aktualisiert.

Die einflußreichsten Deutungen der Eva-Adam-Geschichte stammen von Paulus und von Augustin. Während das übrige Alte Testament nirgendwo auf den Sündenfall zurückkommt, um Tod und Elend zu erklären, erklärte Paulus ihn zum Ursprung aller Not. Während der Jesus der Evangelien nirgends sagt, er sei gekommen, um die Folgen der Sünde der Stammeltern zu beseitigen, schrieb Paulus ihm genau diese Rolle zu. Sein Begriff der Erlösung hängt ab von seiner Auslegung des Sündenfalls als einer religiösen und kosmischen Katastrophe. Augustin wird es gelingen, diese maximalistische Interpretation der Paradiesesgeschichte noch weiter zu maximieren. Darauf komme ich noch zurück.

Paulus gab die frauenfeindliche Interpretationslinie vor: Eva stammt aus Adam, nicht Adam aus Eva. Die Entstehung Evas aus Adams Rippe diente ihm zur Begründung des männlichen Vorrangs: Christus ist das Haupt des Mannes, der Mann ist das Haupt der Frau. Deswegen müsse die Frau beim Gebet ihr Haupt verhüllen, der Mann nicht. Denn der Mann ist das Bild und die Herrlichkeit Gottes, die Frau ist die Herrlichkeit des Mannes. Denn der Mann wurde nicht für die Frau erschaffen, wohl aber die Frau für den Mann. Paulus fügt dann zwar hinzu, »im Herrn« gebe es keinen Mann ohne Frau und keine Frau ohne den Mann; aber er folgert aus dieser Wechselseitigkeit keineswegs einen gleichen Rang – so wenig wie er für die Sklavenbefreiung eintrat, als er schrieb, im Herrn gebe es weder Freie noch Sklaven.[21] Adam wurde als erster erschaffen, dann erst Eva. Der zeitliche Vorsprung bezeichnet den Vorrang. Paulus fährt fort: Adam ist nicht getäuscht und verführt worden, seine Frau aber ist verführt worden und hat gesündigt.[22] Die Exegese der Sündenfallgeschichte hat praktische Folgen: Die Frauen sollen den Männern untertan sein.[23] Sie sollen in der Gemeinde schweigen; es ist schändlich, wenn sie dort sprechen.[24] Der Brief an Titus faßt zusammen, wie Evas Töchter sein sollen: Besonnen, keusch, nüchtern, ums Haus besorgt, gütig, ihren Männern untertan.[25]

Paulus hatte ein auffallendes Interesse daran, die subalterne Rolle der Frau aus der Paradiesesgeschichte abzuleiten. Man muß die von mir in den Anmerkungen 21–25 gesammelten Paulustexte vor Augen haben, um das herbe Los feministischer Theologinnen mitzufühlen, die aus seinen herabsetzenden Reden noch etwas Frauenfreundliches glauben herausfiltern zu müssen. Zumal auch der Apostelfürst Petrus ihm zustimmt, indem er die Männer mahnt, sie sollten ihre Frauen in Weisheit dirigieren und ehren als das »schwächere Gefäß«, damit sie nicht ihre Gebete stören.[26]

Das an Evas Verführbarkeit orientierte Frauenbild der neutestamentlichen Briefe zeichnet die Frau als die weiche Flanke der Menschheit; von dieser Seite greift der Satan uns an; die Männer sind bedroht und werden zur Überwachung ermahnt. Dieses Bild elender Schwäche konnte dennoch nie allein die antik-christliche Eva-Adam-Auffassung prägen. Die Stammeltern waren nie nur Urbilder beeinflußbarer Haltlosigkeit oder sündig-sträflichen Übermuts. Sie blieben so etwas wie Heroen. Und zuletzt wurden sie Heilige.

Der römische Platoniker Celsus hatte die Christen verspottet wegen der Anthropomorphismen vor allem des zweiten Schöpfungsberichts. Befremdlich fand er den körperlichen Gott, den Lehm und die Rippe. Origenes hatte darauf mit einer Allegorisierung der ersten Kapitel geantwortet; darin war ihm der jüdische Philosoph Philo vorangegangen mit seiner *Erklärung der Weltschöpfung*[27] und seiner Schrift über die Cherubim.[28] Die westliche Kirche verwarf seit dem 4. Jahrhundert, seit der Verurteilung des Origenes, zunehmend diese Auslegungstendenz.

Die Entstehung Evas aus Adams Rippe mußte seitdem wörtlich, nicht bildlich gedeutet werden. Doch die Kirchen konnten die Verwerfung der allegorischen Umdeutungen nicht konsequent durchführen, und zwar aus mehreren Gründen: Einige Details – wie die Formung Adams aus Lehm – widersprachen zu offen dem Rationalitätsstandard der Spätantike und einem philosophisch geläuterten, also intellektualisierten Gottesbegriff. Die spätantiken Textauslegungen zielten oft darauf ab, den größtmöglichen Tiefsinn aus alten Geschichten zu gewinnen; diese durften nach ihrer Ansicht auch nichts Überflüssiges enthalten.[29] Sie behaupteten dann, der Bericht vom Paradies sei buchstäblich, also »historisch« zu verstehen, habe aber außerdem eine tiefere, allegorische Bedeutung. Details, die keine kirchenpraktische Bedeutung zu haben schienen, wie die vier Flüsse im Paradies, deutete der Mailänder Bischof Ambrosius als Bild der vier Kardinaltugenden; er konnte damit den Philosophen einen Hieb versetzen, sie hätten die Lehre von den vier Hauptugenden den Offenbarungsbüchern entwendet. Er legte also zuerst die philosophische Tradition der Kardinaltugenden in den uralten Paradiesbericht, der davon nichts weiß, und beschuldigte dann die Philosophen des Plagiats. Die großen lateinischen Schrifterklärer – ich nenne nur Ambrosius und Augustinus – hatten mit den Kapiteln 2 und 3 der *Genesis* Schriften vor sich, die über tausend Jahre alt waren und einer anderen kulturellen Welt angehörten; in ihrer christlichen Umgebung, die noch der spätantiken Kultur angehörte, hagelte es Einwände gegen deren buchstäbliche Auslegung: Wie kann ein Baum Erkenntnis verleihen oder ewiges Leben? Ist es etwa nichts Gutes, zur Erkenntnis des Guten und Bösen zu kommen? Mußten Eva und Adam nicht einem Verbot zuwiderhandeln, das ihnen etwas Gutes verwehrte? Wie konnten sie schuldig werden, wenn sie vor dem Fall vom Guten und Bösen nichts wußten? Diese und viele andere Einwände sind vor 400 belegt, schon deswegen brauchten Kirchenschriftsteller die allegorische Umdeutung. Hinzu kam: Philo und Origenes behielten trotz aller Zurückweisungen ein gewisses Übergewicht; sie hatten einen intellektuellen Vorsprung bei der Auslegung der Hebräischen Bibel.

Das Buch des Ambrosius *Über das Paradies, De paradiso,* belegt anschaulich die soeben beschriebene Situation.[30] Ein Hauptproblem, vor dem er stand: Wenn Paulus im 2. Korintherbrief (12, 2–6) davon spricht, er sei ins Paradies entrückt worden, war er dann im körperlichen Paradies oder im Himmel? Ambrosius hatte wie seine gebildeten Zeitgenossen einen Begriff vom Unkörperlichen; Unkörperliches, argumentierte er daher, sei an keinem Ort, folglich müsse das Wort »Paradies« die Seele bezeichnen. Der »Baum des Lebens« bedeute deshalb nichts anderes als »Weisheit«; die Schlange sei der Satan.[31] Dann aber mußte Ambrosius den guten Gott gegen den Vorwurf verteidigen, daß er den Teufel ins Paradies gelassen habe. Ambrosius berichtet, diesen Einwurf hätten »viele« gemacht.[32] Er antwortet, indem er die Deutung Philos fortführt: Die Schlange als Figura der Lust, die Frau als Bild der sinnlichen Wahrnehmung, Adam als Bild der Vernunft.[33] Das Paradies bedeutet die fruchtbare Erde der tugendhaften Seele, es ist der Geist, also Adam, und zugleich die Sinnlichkeit, also Eva. Der Brunnen im Paradies ist Jesus Christus, der

Quell des Lebens. Ambrosius treibt eifrig wie Origenes und Philo Allegorie; er gleicht die ältere, die jüdische allegorische Deutung an die Bedürfnisse der Christen an. Die grundlegenden Begriffe: körperlich-geistig, Wahrnehmung-Vernunft entnahm er im Anschluß an Philo wie selbstverständlich der philosophischen Tradition und fand sie dann – ebenso wie die vier Kardinaltugenden in den Flüssen des Paradieses – in der Bibel wieder.

Für Eva kommt dabei nichts Gutes heraus; sie repräsentiert die niedere Stufe der Sinnlichkeit. Eine gewisse Schwierigkeit bereitet Ambrosius die Tatsache, daß Eva der einzige Mensch ist, der im Paradies entstanden ist. Der energische Bischof von Mailand läßt sich davon nicht beirren: Dies zeige keineswegs, daß sie nicht dem Mann untergeordnet war; das beweise nur, wie gleichgültig der Geburtsort sei. Die Frau sei als Helferin erschaffen; sie bedürfe der männlichen Leitung. Zwar sei sie an einem besseren Ort entstanden, aber das bedeute nichts, auf die virtus komme es an. Sie stehe unter dem Mann, denn sie sei zuerst getäuscht worden und habe dann auch noch den Mann getäuscht, zu dessen Unterstützung sie doch dienen sollte.[34]

Ambrosius läßt kein Argument aus, um Eva als den Ursprung aller Sünden kenntlich zu machen: Sie hat zuerst gesündigt und hatte daher als erste die Erkenntnis von Gut und Böse, die Adam noch nicht hatte, als sie ihm den Apfel weiterreichte. Sie wußte jetzt, was Sünde ist, und statt Adam zu warnen, verlockte sie bei vollem Sündenbewußtsein Adam zur Sünde und verdoppelte die Sünde.[35] Der Bischof zeigt sich empört: Und dann gebe es noch »sehr viele«, die Eva damit zu entschuldigen suchten, sie habe den Apfel nur deswegen an Adam weitergegeben, weil sie ihren Mann liebte und gefürchtet habe, sie werde von ihm sonst getrennt.[36] Ambrosius bleibt bei seinem Verdikt: Eva hat Adam in den Irrtum gestürzt; die Frau wurde dem Mann zum Urheber der Schuld: viro culpae auctor est mulier. Nur weil Gott viele Menschen wollte, mußte er Eva erschaffen; sie ist unentbehrlich für die Vermehrung der Menschen.[37] Ansonsten ist sie ein Unglück.

Das Buch des Ambrosius über das Paradies ist christlich-seelsorgerlichen Bedürfnissen der Zeit um 400 angepaßt, aber es wimmelt, wie der wissenschaftliche Apparat ausweist, von Übernahmen aus Philo. Ambrosius kritisiert ihn auch; Philo habe in seinem »jüdischen Affekt« die geistliche Bedeutung der Schrift nicht erfaßt,[38] aber er konnte sich damit dessen Einfluß nicht entziehen. Ohne allegorische Deutung war der Konflikt zwischen spätantik-hellenistischer Kultur und dem uralten Genesistext nicht zu vermeiden; daher wurde Ambrosius de facto zum Vermittler der jüdischen Religionsphilosophie und der östlichen Theologie an den lateinischen Westen.

## 2. Der Vater der Erbsünde

Über die Kirchenschriftsteller des griechischen Ostens gibt Eliane Pagels in ihrem Buch *Adam, Eva und die Sünde* (zuerst New York 1988, deutsch Hamburg 1991) einige Informationen; ich wende mich der westlichen, der lateinischen Welt zu. Sie wurde dominiert durch Augustinus. Augustin hielt Adam für eine historische Person; Adam war für ihn der älteste der Patriarchen. Er war der Repräsentant der Menschheit; in ihm war die ganze Menschheit körperlich zusammengefaßt. Und er war der Typus Christi. Doch diese Vorstellungen Augustins unterlagen einem charakteristischen Wandel: Sein erster Genesiskommentar, kurz nach der Rückkehr nach Afrika 388/389 geschrieben und gegen die Manichäer gerichtet, zählte die Einwände der Manichäer gegen die Hebräische Bibel auf und verteidigte dann den heiligen Text durch Allegorisierung. Im einzelnen sah das so aus: Daß Gott die Menschen als Mann und Frau erschaffen habe, das sei »geistlich«, spiritualiter, zu verstehen. Wenn Gott befehle, sich zu vermehren, dann sei nicht die fleischliche Fruchtbarkeit gemeint, sondern das Hervorbringen intellektueller und unsterblicher Früchte. Eine fleischliche Verbindung habe es vor dem Sündenfall nicht gegeben, wie es sie nach der Auferstehung auch nicht geben werde; die Schrift lehre uns, die fleischliche Zeugung zu verachten.[39] In dieser frühen Schrift überwiegt die allegorische Auslegung: Adam und Eva waren Bilder des Menschen überhaupt, der aus Sinnlichkeit-Konkupiszenz, das ist Eva, und aus Vernunft, das ist Adam, zusammengesetzt sei. Worauf es Augustin ankam: Die höhere Kraft war zum Herrschen, die niedere zum Gehorsam bestimmt.[40] Die Frau wurde erschaffen als Modell gott-und naturbegründeter Hierarchie; es sei die Ordnung der Dinge selbst, die sie dem Mann unterwirft.[41] Welche Aufgabe hatte die Frau im Paradies, wenn sie nicht zum Kinderkriegen gedacht war? Augustin antwortete zehn Jahre später: Sie diente der Herrlichkeit des Mannes. Wie das? Nicht zu seinem Sexualprestige, sondern dadurch, daß sie ihm auf dem Weg zu Gott vorangehe.[42]

Augustin, soeben Christ geworden, ging mit seiner Allegorisierung als Verteidigungsstrategie der Eva-Adam-Erzählung sehr weit. Er deutete die Erschaffung der Tiere und die Herrschaft des Menschen über sie dahin um, der Mensch solle die niederen Triebe und die vogelartig-flüchtigen Gedanken beherrschen.[43] Damit beantwortete Augustin den Einwand, es gebe doch viele Tiere wie die Fische im tiefen Meer, die Adam nie gesehen habe und die der Mensch nicht beherrschen könne.

Die Manichäer bestritten die Autorität der Hebräischen Bibel; sie fanden die Behauptung lächerlich, Gott habe den Menschen nach seinem Bild geschaffen; Gott, sagten sie, habe keine Hände und keine Füße. Wieder begegnet Augustin dem Einwand durch Allegorisierung: Gemeint sei keine körperliche Entsprechung von Mensch und Gott, sondern allein, daß der Mensch Verstand und intellektuelle Einsicht (ratio et intellectus) habe und dadurch Gott ähnlich sei.[44] Damit war die philosophierende Korrektur des alten Berichts vollzogen; die anthropologische Dualität von Leib und Geist war installiert. Dabei blieb es auch, als Augustin später seine Äußerung zurücknahm, der Befehl Gottes zur Fortpflanzung sei rein geistig zu verstehen.[45]

Nicht von der Abwertung der Frau, wohl aber von der allegorischen Methode rückte Augustins wichtigster späterer Genesiskommentar aus den Jahren 401 bis 414 wenigstens teilweise ab. *De Genesi ad litteram* besteht auf dem literalen, dem historisch-faktischen Sinn der Berichte; wir sollen sie keineswegs »nur allegorisch« (spiritualiter tantum) auslegen. Die Allegorie war nur als Zugabe erlaubt. Adam und Eva waren jetzt reale geschlechtsverschiedene Personen, nicht mehr hierarchisierte seelische Kräfte. Sie sollten Kinder in die Welt setzen, freilich ohne Begierde;[46] die Schlange war jetzt eine Schlange, die Rippe Adams eine Rippe. Diese Buchstäblichkeit konnte Augustin unmöglich durchhalten. Dafür waren die platonisierenden Leitideen in seinem Denken zu mächtig. Sie ließen nicht zu, daß Gott körperlich war. Die Geistigkeit Gottes ist ein spätes Produkt, nicht ohne Einfluß der griechischen Philosophie denkbar. Es war der Gott der Philosophen, dem nicht zugemutet werden konnte, im Paradiesgarten spazieren zu gehen und die beiden Sünder im Gebüsch zu suchen. Diese Anthropomorphismen fanden Gebildete zur Zeit Augustins abgeschmackt; er hat sie spiritualisiert. Allerdings gab es sowohl in der christlichen Welt – bei Tertullian – wie in der islamischen Theologie auch den Protest gegen die Platonisierung der Offenbarung, bis hin zur These, Gott sei körperlich, schließlich komme und gehe, sehe und spreche er, wie sollte das alles ohne Leib möglich sein? Die Korrektur des buchstäblicheren Bibelanfangs durch die platonisierenden Kirchenschriftsteller vor ihm nahm Augustin nicht zurück, ansonsten insistierte er, auch gegen seine eigenen ersten Auslegungen des Alten Testaments auf der buchstäblichen Richtigkeit der Berichte; er bestand jetzt auf faktischen Details.[47] Augustin siegte. Er dominierte die Auslegungen bis ins 18., bei katholischen Autoren bis ins 20. Jahrhundert.

Augustin hat in den Eva-Adam-Komplex noch einige Motive eingetragen, die ich zusammenfassend nennen möchte:

1. Eva war als artgleiche Gehilfin Adams von Gott intendiert. Der Mann herrscht, die Frau gehorcht – das ist die gottgegebene Ordnung. Ihre Unterordnung ist der eines Sklaven vergleichbar; auch die Sklaverei ist eine Folge der Sünde.[48] Allerdings ist die Frau als Geistseele Ebenbild Gottes und kann der Erlösung teilhaftig werden. Augustin zitierte den Satz des Paulus, daß allein der Mann Gottes Ebenbild sei; aber er korrigierte ihn in diesem Sinn.[49]

2. Der Name ADAM verweise auf die vier Himmelsrichtungen. Dies ergebe sich aus den einzelnen Buchstaben im Griechischen. Damit bestätigte oder verstärkte Augustin die Vorstellung, Adam sei der Mikrokosmos.

3. Augustin berief sich auf den ersten der beiden Schöpfungsberichte und lehrte, Gott habe die Seelen Evas und Adams mit dem ersten Schöpfungswort erschaffen und habe sie erst später, als sich die Welt zeitlich entfaltete, in die Körper eingehaucht. Augustin schwankte in dieser Frage; aber er tendierte, den platonischen Dialog *Menon* buchstäblich nehmend, zur Theorie von der Präexistenz der Seelen.

4. Adams Natur war gut erschaffen; sie war nicht das Werk böser Mächte, die eine Seele in einen Leib eingesperrt haben. Adam war von hoher Intelligenz, so daß er allen Tieren den Namen geben konnte. Sein aufrechter Gang unterschied den Menschen prinzipiell von den Tieren. Er war körperlich unsterblich, konnte nicht altern oder krank werden. Die Frage war, wieviel von diesen Vorzügen über den Bruch hinaus erhalten blieben. Jetzt sind wir sterblich, unwissend, Knechte der Sünde. Durch die Unbotmäßigkeit des Willens gegen Gott verloren Eva und Adam die Herrschaft über ihren Körper; sie konnten dessen Begehren nicht beherrschen. Ihr Ungehorsam wiederholte sich als Aufruhr in den Menschen selbst. Der späte Augustin hatte Mühe, seine Theorie von der nicht völlig entwürdigten menschlichen Natur zu verbinden mit seiner Sicht des Sündenfalls: Seitdem ist die Natur des Menschen nicht mehr gesund. Die Schuld pflanzt sich naturhaft auf alle fort.

5. Augustin bestand mit Paulus so sehr auf der Entsprechung Adam-Christus, daß er Eva darüber fast vergessen konnte. So schreibt er, Adam sei der erste Sünder gewesen, primus peccator in hominibus fuit, der Urheber alles dessen, was dann kam.[50] Das entspricht nicht dem alttestamentlichen Text, und Augustin erinnerte sich schließlich doch gelegentlich an Eva: Er setzte mit Paulus das Verhältnis der Kirche zu Christus in Parallele zu dem Verhältnis Evas zu Adam: Wie Eva aus der Seite Adams entsprungen sei, so die Kirche aus der offenen Seitenwunde des Gekreuzigten.

Die Frau soll dienen und gehorchen, und sie soll es mit Hingabe tun – so lautet die schlichte Folgerung Augustins für die Frau. Der Kirchenvater Hieronymus verfuhr in der Herabsetzung der Frau grober: Die Frau, schrieb er, ist bitterer als der Tod. Die Erzählung von Eva beweise: Die Frau ist der Ursprung alles Bösen; durch sie ist der Tod in die Welt gekommen. Hieronymus hat einen Vorrat frauenfeindlicher Formeln geschaffen, vor allem in seinem Traktat gegen Jovinian. Er pries die Jungfräulichkeit; er riet ab von der Ehe. Nicht alle Kirchenschriftsteller sprachen so verächtlich von der Frau wie Hieronymus, aber alle hielten sie für das schwache Geschlecht. Dies war Alltagsselbstverständlichkeit; dies las man im verbreitetsten Lexikon. Isidor von Sevilla erklärte den Namen »Eva« als zugleich Leben und Elend, vita et calamitas. Durch ihre Sünde sei die Sterblichkeit aufgekommen und mit ihr alles Elend. Der Mann heiße »vir«, weil er mehr Stärke hat als die Frau, daher komme das Wort für »Tugend« (virtus) vom Wort vir.

Wer im Mittelalter lateinische Bücher las, konnte der Assoziation kaum entgehen: Frau – Eva – Schlange – Teufelsnähe – moralische Minderwertigkeit. Andererseits bot die allegorische Deutung, die Augustin nie ganz verdrängen konnte, einen gewissen Spielraum; Kirchenpraktiker konnten auch die Ehe nicht ganz verteufeln. Und sie mußten die Homosexualität verwerfen, dieses »Laster gegen die Natur«. Auch daher ihre Polemik gegen den androgynen Urmenschen. Diese Auslegung war nicht völlig verschwunden, denn, so mächtig die Wirkung Augustins auch war, die östliche Tradition ließ sich im lateinischen Westen nicht gänzlich zum Schweigen bringen. Johannes Eriugena griff sie auf. In seinem *De divisione naturae* kommentiert er ausführlich die ersten drei Kapitel der *Genesis*. Ihm zufolge wurde unser zuerst spiritueller Leib durch den Sündenfall grob körperlich und sterblich; der androgyne Urmensch zerfällt nach der Sünde in die Geschlechter; die Erlösung zielt auf einen übergeschlechtlichen Endzustand, auf Rückkehr zur primordialen Einheit.[51] Welche Freiheit der Auslegung Eriugena sich herausnahm, mag ein Detail belegen: Der Schlaf Adams, schrieb er, konnte erst nach der Sünde stattgefunden haben. Das Paradies war für ihn kein geographisch fixierbarer Raum, sondern die menschliche Natur in ihrer Vollkommenheit.[52]

Diese Denkart wurde im Westen nie herrschend; sie war in der Auseinandersetzung um Origenes längst als häresieverdächtig zurückgewiesen; 1210 wurde sie kirchenamtlich verboten. Die Normalfassung im Sinne des späten Augustin findet sich bei Petrus Lombardus.[53] Seine *Sentenzen* bilden die wichtigste mittelalterliche Quelle zu unserem Thema. In ihnen findet sich die Standarddeutung, mit der jeder Dozent der Theologie bis in die Zeit Luthers sich zu befassen hatte. Die Sentenzenkommentare und die Genesisauslegungen diskutierten die herrschende akademische Lehre; daneben wucherten in Predigten und Traktaten volkstümliche

Ausschmückungen und moralisierende Anwendungen. Eine Vorstellung davon gibt der Frühscholastiker Honorius Augustodunensis. Er kannte den Stundenplan des ersten Menschheitstages genau; er malte zu Beginn des 12. Jahrhunderts, also kurz vor Petrus Lombardus und vor dem Entstehen der Theologie als Wissenschaft, das Leben unserer Stammeltern folgendermaßen aus: In der dritten Stunde gab Adam den Tieren ihren Namen; in der sechsten Stunde, offenbar beim Mittagsschlaf, wurde Eva geschaffen; danach währte das Glück nur noch eine Stunde. Es gab also neben der chronologischen Diversifizierung des Eva-Adam-Komplexes eine Differenzierung nach intellektuellem Niveau und sozialem Stand der Rezipienten.

### 3. Eva und Adam in der Neuzeit

Die literarischen Quellen der Eva-Adam-Deutungen der Zeit vor 1700 lassen sich wegen ihrer Vielfalt schwer überblicken: Ehetraktate kamen ohne sie nicht aus, ebensowenig Abhandlungen über politische Herrschaft, über Arbeit und Tod, über Maria und über die Wiederherstellung, ja Überbietung des paradiesischen Lebens nach dem Jüngsten Tag. Eine eingehendere Untersuchung zeigt: Es gab nicht *die* »mittelalterliche« Auffassung von Eva und Adam. Kulturelle Wandlungen der Zeit von 800 bis 1500 verändern ihr Bild. Besonders das 12. Jahrhundert brachte Umbrüche: Mit der Höherschätzung der Frau profitieren gemeinsam Eva und Maria; indem die Theologen eine Theorie von der Ehe als Sakrament entwickelten, die es vor 1100 kaum gab, wurden Eva und Adam als Ehepaar gedacht. Im späten Mittelalter wurden Technik und Handwerk Gegenstand des Nachdenkens und erhöhter Wertung; dem entsprach die Darstellung Adams als Gärtner, Evas als Mutter, die an der Spindel sitzt. Gartenbau wie Hauswirtschaft sind jetzt wert, als Gegenstand göttlicher Instruktion dargestellt zu werden. In Byzanz saß Eva schon im 10. Jahrhundert am Blasebalg; aber das bezeugte, wie gesagt, das besondere technologische Niveau der Kaiserstadt.

Das späte Mittelalter brachte eine Reihe von Zusammenfassungen und Popularisierungen der scholastischen Gedankenarbeit an der Eva-Adam-Geschichte. In vielen Handschriften und Frühdrucken verbreitet war das *Speculum humanae salvationis*. Es war in der ersten Hälfte des 14. Jahrhundert entstanden, wurde ins Englische, Deutsche und Tschechische übersetzt und hat vor allem die Künstler nördlich der Alpen beeindruckt. Es stellte den Figuren des Neuen Testaments die Prototypen des Alten Bundes gegenüber und resümierte dabei die theologisch-philosophischen Ergebnisse des 13. Jahrhunderts in vereinfachter Form. Die *Le-*

*genda aurea* des Jacobus de Voragine (+1298) übermittelte den Künstlern und Volksschriftstellern den Legendenstoff, der Tod und Begräbnis Adams mit dem Kreuzestod Jesu in enge Verbindung brachte; er regte volkssprachliche Erzählungen und Dramatisierungen an. Als zusammenfassende Darstellung war ihm vorausgegangen die *Historia scholastica* des Petrus Comestor. Ihr Verfasser gehörte noch dem 12. Jahrhundert an (+1187); er war der Nachfolger des Petrus Lombardus an der Schule von Notre Dame in Paris. Aber seine größte Wirkung entfaltete er im späten Mittelalter. Er gab einen einflußreichen Abriß der Eva-Adam-Geschichte:

Adam war erschaffen aus der roten Erde der Gegend um Damakus, war dann ins Paradies gebracht worden. Er sollte dort angenehme, leichte Gartenarbeit verrichten und sollte von den Pflanzen lernen: Wie sie sich ihm unterwarfen, so sollte er sich Gott unterwerfen. Aber er sollte auch von den Pflanzen leben, denn er brauchte Nahrung, seine Unsterblichkeit war noch nicht garantiert. Es bestand für ihn die Möglichkeit, nicht zu sterben; nicht erreicht hat er die Unmöglichkeit zu sterben. Gott hatte seinen Fall vorausgesehen und deswegen die Tiere geschaffen. Sie sollten ihm nach der Vertreibung Nahrung, Kleidung und Hilfe bieten. Eva war ursprünglich geplant, aber nicht mit Adam zugleich erschaffen worden; die manuelle Arbeit bei ihrer Entstehung hat Gott den Engeln überlassen.[54] Petrus polemisierte gegen die rabbinische Lehre vom Hermaphroditen. Als Adam aus dem Tiefschlaf erwachte, prophezeite er die Entstehung der Kirche aus Christus; er sah künftige Flut- und Feuerkatastrophen voraus; er vermittelte deswegen sein Wissen an seine Kinder. Die Schlange ging vor ihrer Bestrafung aufrecht wie ein Mensch; aus ihr sprach der Teufel, aber sie konnte Eva nur gewinnen, weil sie den Kopf einer jungen Frau hatte. Petrus versuchte Adams Fall begreiflich zu machen: Er habe zuvor geglaubt, wer von dem Baum esse, müsse sofort sterben. Nun sah er, daß Eva den Biß überlebte und glaubte, Gott habe seine Drohung nicht so ernst gemeint.[55]

Wer den üblichen Epocheneinteilungen vertraut, erwartet von der Neuzeit ein verändertes Bild auch von Adam und Eva. Aber für sie begann die Neuzeit erst ab 1700.[56] Nicht als habe die humanistische Gelehrsamkeit nichts Neues gebracht: Man lernte Hebräisch, man verglich die Textfassungen; seitdem Erasmus Hesiods Bild der Pandora und ihrer Büchse erneuert hatte, bekam die Zurückführung aller Übel auf die Frau neue Nahrung. Auch die antike Literatur, zum Beispiel die *Sechste Satire* Juvenals, sprach schlecht von den Frauen. Teilweise und regional unterschiedlich schaffte man jetzt bei der Auslegung der Evageschichte einige moralische Musterbilder ab, z.B. den Zölibat. Bei Lutheranern wie Reformierten verschwand das Paradies als Urbild klösterlichen Lebens; die Ursünde Evas bestand jetzt in ihrem Mangel an Glauben. Es wurden neue Theologien der Ehe entwickelt; die Paradiesesszene wurde zunehmend verbürgerlicht; Eva und Adam avancierten mehr als *vor* 1500 zum gottgewollten *Ehepaar*. Luther pries das familiäre Zusammenwohnen als einen fernen Nachklang des Paradieses.[57] Die früher übliche Assoziierung von Reformation und Fortschritt, gar mit Individualisierung und Besserstellung der Frau, ist heute widerlegt.[58] Andererseits hat bereits Jacob Burckhardt gezeigt, daß im Italien des 15. und 16. Jahrhunderts die fürstliche, aber auch die gebildete Frau eine gewisse Gleichstellung erreicht hatte.[59] Mädchen der höheren Stände bekamen eine fast gleichwertige Ausbildung; es gab bedeutende Dichterinnen wie Vittoria Colonna; der Anteil der Frauen an der bildenden Kunst blieb allerdings gering.

Bei einer Elite europäischer Gebildeter aktualisierte die vertiefte Schätzung der hermetischen Tradition, wie Edgar Wind gezeigt hat, das Thema des androgynen Erstmenschen.[60] Die Entdeckung Amerikas warf die Frage auf, ob die Indianer von Adam abstammen, ob sie also wie wir der Erbsünde schuldig oder gute Wilde sind. Die kopernikanische Kosmologie legte es nahe, Leben auf anderen Sternen zu erwarten. Das hatte Cusanus schon für vernünftig gehalten, und Giordano Bruno verstärkte dieses Motiv, das die Universalität der christlichen Religion einschränkte. Menschenartige Lebewesen auf anderen Sternen konnten nicht von Adam abstammen, sie waren frei von Erbsünde und daher nicht erlösungsbedürftig. Die neue philologische Kunst, von Lorenzo Valla ausgedacht, von Erasmus verbreitet, von Kardinal Ximenes auf das Alte Testament angewandt, schuf die Möglichkeit, die alte Geschichte radikal neu zu fassen. Sie wurde auch im 16. Jahrhundert benutzt. Die Theologiegeschichtsschreibung erwähnt aus dem 16. Jahrhundert vorab die Reformatoren und das Konzil von Trient, in deren Diskussionen es darum ging, ob infolge der Ursünde die menschliche Natur völlig verdorben und der freie Wille verloren sei. Doch es gab viele andere originelle Theologen. Da war der Kardinal Cajetan, der in Augsburg die Sache des Papstes gegen Luther vertreten hatte. Er war in der Philosophie Thomist, aber in seinem Alter dachte er darüber nach, ob nicht aufgrund der neuen Philologie und im Hinblick auf die konfessionellen Debatten eine neue Art der Bibeldeutung nötig sei. Er lernte Hebräisch; er korrespondierte mit Erasmus und gab eine neue Erklärung der ersten drei Kapitel der *Genesis*. In der Vorrede zu seiner Erklärung des Pentateuch teilt er mit, er sei jetzt sechsundsechzig, also zu alt, um nur der Neuerung zuliebe Theorien zu entwickeln; es gehe ihm um die Wahrheit. Er mühte sich damit ab zu zeigen, daß das Paradies ein geographisch fixer Ort gewesen sei, keine bloße Allegorie glücklichen Lebens. Aber schon bei Gottes Tierschau griff er umdeutend ein: Die Bewegung der Tiere sei kein körperlicher Vorgang gewesen, sondern eine intellektuelle Vergegenwärtigung ihres Wesens im Geist Adams. Und bei der Erschaffung Evas aus Adams Rippe fand er, der Text selbst zwinge ihn, die Erzählung nicht buchstäblich (ut sonat litera) zu nehmen. Denn welchen Sinn sollte es haben, wenn Gott für Adam eine Gefährtin vorstellen wollte, daß Gott das ganze Tierreich ihm vor Augen führe? Sollen wir etwa glauben, Gott habe damit gerechnet, Adam suche sich unter den Vögeln eine Gefährtin? Das wäre doch lächerlich (ridiculum).[61] Mit dieser Freiheit, die der päpstliche Diplomat sich nahm, ging er zu weit. Es kam zu einem Prozeß gegen ihn; Gegner, vor allem im Jesuitenorden, monierten, daß er die Erschaffung Evas bildlich deute. Es waren Jahre der Gärung, auch in Italien, und das Problem ließ sich schwer verbergen. Wenige Jahre nach dem Kommentar Cajetans veröffentlichte Franciscus Georgius Venetus, Zorzi genannt, sein Buch über Probleme der Heiligen Schrift. Er gab sich fragend, untersuchend: Reute es etwa Gott, daß er den Menschen nach seinem Bilde geschaffen hatte und bildete er ihn später aus Staub, um seinen Hochmut zu zügeln? Hatte Gott sie nicht von Anfang an als Mann und Frau erschaffen; wozu dann noch die Geschichte mit der Rippe? Und ist es wirklich notwendig, das Paradies als irdischen, als geographisch fixierbaren Ort zu deuten, wie es Volksansicht (vulgaris opinio) ist? Zorzi formulierte als offene Fragen, worüber der Westen längst entschieden hatte; er erneuerte die Bibelauslegung des Origenes und verband sie mit platonischen und kabbalistischen Texten.[62] Diese spiritualisierende Tendenz galt nicht mehr als orthodox, insbesondere nicht für Luther, der ein körperliches Paradies, einen durch die Sintflut verlorenen Lustgarten behauptete.[63] Luther und die konformistischen katholischen Theologen der Zeit nach dem Konzil von Trient tobten unisono gegen allegorische Deutungen. Die Polemik zog sich nach Cajetans und Zorzis Tod über Jahrhunderte hin. Einer ihrer schärfsten Wortführer war der Dominikaner Sixtus von Siena, ein konvertierter Jude, der als Franziskanermönch wegen Ketzerei zum Tode verurteilt war, dann aber abschwor und Dominikaner wurde. Seine *Bibliotheca sancta* ist eine durchgängige Polemik gegen die allegorische Deutung des Alten Testaments, vor allem gegen Zorzi gerichtet.[64] Im Laufe des 17. Jahrhunderts kam es teilweise zu einer philologischen Ernüchterung; es bestand die Tendenz, Legenden und phantastische Behauptungen über Körpergröße und Wissenschaften Adams als der Bibel fremd zurückzuweisen. Oft war bis gegen 1700 die nüchterne Textarbeit dogmatisch blockiert, am wenigsten noch bei den niederländischen Reformierten. Die Reformatoren hatten die frühere Tendenz verstärkt, das Alte Testament als Verweis auf den neuen Bund, also unhistorisch zu lesen. Augustin hatte diese Auslegungsregel klassisch formuliert:

»Das Alte Testament ist nichts anderes als die Verhüllung des Neuen und das Neue nichts als die Erfüllung des Alten *(De civitate Dei* XVI 26, 2).

Diese christologische Lektüre der uralten Texte ordnete sie in ein Schema ein, das ihnen fremd war. Sie entsprang dem Anspruch, den Juden beweisen zu können, sie übersähen das Wesentliche ihrer Heiligen Schrift und verweigerten den christlichen Glauben, der in ihr enthalten sei, aus Verstocktheit. Luther und Calvin verstärkten die augustinische Auslegung der Eva-Adam-Erzählungen; sie entnahmen den Anfangskapiteln der Bibel ihre an Augustin orientierte Erbsündenlehre. Luther verschärfte sie durch die Theorie, Adams Sünde habe die Gottebenbildlichkeit des Menschen verscherzt. Er interpretierte die schwierigsten Stellen – die Erschaffung Adams aus Lehm, Evas aus der Rippe – wörtlich und nahm ihre Unverständlichkeit als Beweis für die Schwäche der menschlichen Vernunft, die von Gott nichts weiß.[65] Immerhin brach er insofern mit der älteren Tradition, als er behauptete, ohne allerdings dabei zu bleiben, Eva sei vor dem Sündenfall Adam vollkommen gleich gewesen.[66] Natürlich sei das nach dem Sündenfall anders. Daß Adam aus Lehm geschaffen worden ist, bewies ihm, daß wir zwar freien Willen haben gegenüber den Naturdingen, nicht aber in Bezug auf Gott, in dessen Hände wir sind wie Lehm.

In den letzten Jahrzehnten des 17. Jahrhunderts entdeckte der gelehrte französische Oratorianer Richard Simon, daß die augustinistischen Ausdeutungen der Eva-Adam-Erzählungen mit dem alten Text nichts zu tun haben. Von da an konnte man unterscheiden lernen: die alttestamentliche Erzählung, die Adam-Theologie des Apostels Paulus und die Erbsündentheorie Augustins gehörten verschiedenen geschichtlichen Welten an. Kurz darauf machte der Leibarzt Ludwigs XIV. eine folgenreiche Entdeckung: Die beiden Schöpfungsberichte am Anfang des Buches *Genesis* gehörten verschiedenen Zeiten an. Sie gebrauchten für das Wort »Gott« verschiedene Bezeichnungen: Im ersten Bericht hieß er Elohim, im zweiten Jahve. Nach einem jahrhundertelangen Kampf zwischen Freigeisterei, Orthodoxie und Bibelphilologie setzte sich diese Erkenntnis im 19. Jahrhundert durch. Seitdem sagt man, der erste, abstraktere Bericht gehöre zur »Priesterschrift« und entstamme der Zeit um 550 v. Christus, der zweite, naivere sei deutlich älter, vermutlich um 950 vor Christus entstanden; man nannte seinen Autor den »Jahvisten«. Augustin hatte sich die Differenzen von *Genesis* 1 und *Genesis* 2–3 philosophisch erklärt: Zuerst wird gezeigt, wie Gott den idealen Grundriß der Welt zeichnet, danach die konkrete Ausführung seines Ideenplans; seit Jean Astruc – so hieß der Leibarzt des Sonnenkönigs – konnte man sich die Unterschiede historisch erklären. Aber die dogmatischen Theologen leisteten dagegen Widerstand; sie sahen die Stützen ihrer Sünden- und Erlösungstheorien zu Bruch gehen. Daher gab es tausend Übergangs- und Kompromißlösungen, offene Kampfansagen an die historische Relativierung und friedenstiftende verbale Verschleierungen. Hans-Joachim Kraus hat in seinem

Buch *Geschichte der historisch-kritischen Erforschung des Alten Testaments*, (Neukirchen 1956), diese Entwicklung beschrieben und dokumentiert, auch wenn er zuletzt zu rhetorischen Versöhnungen neigt. Wer den Prozeß überschauen will, muß vor allem die Vorstellung überwinden, die entscheidende Zäsur liege um 1500. Sie liegt dort, was die Schärfung des philologischen Sinnes und was die Sprachkenntnisse angeht. Sie liegt dort nicht in der Geschichte der Auslegungen. Dies belegt das informative Buch von Philip C. Almond, *Adam and Eve in Seventeenth-Century Thought*, (Cambridge 1999). Almond berichtet von vielen komplizierten Diskussionen, zeigt aber: Insgesamt wurde weder die Buchstäblichkeit des Berichts (Adams Rippe) noch die Frauenverachtung korrigiert. Das Gesamtbild der Auslegungen und Anwendungen war bis etwa 1700 viel »mittelalterlicher«, als man erwarten würde.[67] Und erst im Laufe des 19. Jahrhunderts konnten Adam und Eva völlig frei gestaltet und umgestaltet werden. Eva wurde das Bild beliebiger Schönheit und/oder Verdorbenheit; jetzt gab es künstliche Paradiese der drogati und der science fiction. Bis dahin hatten die genannten Texte einen autoritativen Rahmen für Reden und Darstellungen gesetzt. Dieser Rahmen war variabel und spannungsreich, aber jetzt verloren die Kirchen die Deutungshoheit über das erste Menschenpaar; die Urgeschichte der Menschheit fiel an die Evolutionsforschung. Gleichzeitig wurden Adam und Eva frei für die individuell-künstlerische Gestaltung. Jetzt konnte man mit dem Motiv spielen, auch darüber spotten. Dazu gab es schließlich Anlaß: die Rippe Adams, Evas Unterhaltung mit der Schlange, die Umwandlung der Schlange mit dem aufrechten Gang in ein Kriechtier. Auch das Mißverhältnis zwischen einem Apfelbiß und der Verdammung der gesamten Menschheit einschließlich der Zerstörung der Natur war schwer zu ertragen. Und wenn schon alle einige Details »bildlich« gedeutet hatten, warum dann nicht die ganze Geschichte »bildlich« nehmen, als Ursprungssage oder Märchen? Und fiel es nicht auf Gott zurück, wenn er am Morgen fand, alles sei gut, sogar sehr gut, und am Abend war alles verpatzt? Die letzte große, ernsthafte literarische Gestaltung dürfte von John Milton, 1667, stammen. Vielleicht profitierten Gartenbücher zuerst, schon im 17. englischen Jahrhundert, von der Profanierung des Paradieses. Gott war Gärtner. Die geometrische Form des Renaissancegartens evozierte das Paradies mit seinen vier Flüssen. Eva, Adam, Paradies und Schlange wurden im 19. Jahrhundert völlig frei variierbar und bekamen neue künstlerische und intellektuelle Konnotationen. 1880 schuf der dreiundzwanzigjährige Max Klinger einen Radierungszyklus von sechs Blättern, *Eva und die Zukunft*, ein, zwei Jahre später Rodin seine *Eva* (heute in Hannover); Max Beckmann war von diesem Motiv zeitlebens fasziniert. Heute leben die Bilder Evas und Adams in der Werbung fort.[68]

# IV. INTERESSEN

Die Anfangskapitel der Hebräischen Bibel sind erzählerisch so gut gestaltet, daß sie wohl immer Zuhörer fanden und finden: Der monumentale Zuschnitt des ersten Kapitels und die Dramatik der Sündenfallgeschichte fesseln Zuhörer. Andererseits enthalten die ersten drei Kapitel der *Genesis* archaische Vorstellungen, die schon für Gebildete der Antike unverständlich waren; sie verlangten Erklärung und Umdeutung. Diese Texte sind kurz, sie lassen inhaltliche Lücken – zum Beispiel sagen sie nichts über Zeitspannen oder über Adams erste Reaktionen, nichts über seine Körperform – war er ein Riese? –, über seinen Wissensstand und seine moralischen Dispositionen. Sie entstammen verschiedenen Zeitstufen und entsprechen divergierenden Konzeptionen von Gott und Mensch. Genau gelesen, sind sie unvereinbar. Dies alles machte Interpretationen möglich und nötig. Ausleger konnten ergänzen oder weglassen, Teile umstellen oder das Ganze in einen neuen Zusammenhang bringen. Vor 1700 waren das in der Regel keine philologischen Operationen, sondern Verwertungen, die den Text je eigenen Leitideen und Lebensbedürfnissen unterwarfen. Ich nenne neun solcher Vereinnahmungsinteressen:

Erstens: In historischer Zeit gab es wohl immer (auch) ein primär theoretisches Interesse an Ursprungserzählungen. Man suchte rudimentäres kosmologisches Wissen und Selbstaufklärung über Schmerz, Tod, Geschlecht und überhaupt die Stellung des Menschen im Universum. Luther sagte: »Hier lernen wir, was der Mensch ist« – und warnte zugleich vor zu großer Wißbegier.[69] Die ersten Kapitel der *Genesis* wurden (auch) gelesen als die biblische, die volkstümlich-autoritative Fassung der im platonischen *Timaios* erörterten Weltentstehung. Und sie schienen zu erklären, warum das reale menschliche Leben nicht danach aussah, als habe ein guter, allmächtiger Gott die Welt erschaffen.

Der Bilderkomplex Eva-Adam war zu universal und zu vielseitig ausdeutbar, um nur aus der Sicht der Geschlechterdifferenz studiert zu werden. Gewiß enthielt er auch die Anweisung an den Mann, die Frau zu leiten, zu überwachen und zu strafen. Johannes Chrysostomus erklärte das Lehrverbot für Frauen mit dem Sündenfall: Eva hat ein für allemal ausgelehrt; sie hat schlecht gelehrt, als sie Adam belehrte. Ihre Eva-Schwäche schloß es aus, daß die Frau zum Priesteramt zugelassen werden konnte. Dennoch war der *Genesis*-Stoff mehr und immer auch etwas anderes als ein Instrument zur Unterdrückung der Frau. Gewiß fragten die Theologenmänner nicht, ob es sinnvoll war, daß Gott den Mann geschaffen habe; diese Frage stellten sie nur in Bezug auf die Frau. Sie stellten sich die Frage, ob es dem weisen Gott gut ansteht, die Frau erschaffen zu haben, ob die Frau auch – wie es der Mann selbstverständlich war – das Ebenbild Gottes sei und ob die Unterordnung der Frau schon im Paradies bestand, also der ersten Intention Gottes entspringt. Damit verwickelten sie sich in Grundsatzfragen der sexuellen Differenz, die es nun einmal gab und die sie im Weltplan Gottes unterbringen mußten. Die Eva-Adam-Konstellation war eine Art Auslegungsmuster der Welt, ein theoretisch-bildhaftes Konzept; es war verwendbar auch wenn es darum ging, die Welt der Tiere oder die Ursache der Krankheiten zu untersuchen. Es spielte mit, wenn Tertullian mit Verweis auf die Sünde Evas den Frauen unansehnliche Kleidung gebot, wenn mittelalterliche Ärzte von der unersättlichen sexuellen Gier der Frauen sprachen oder wenn sie ihre Wissenschaft in den Dienst der gesellschaftlich prämierten Jungfräulichkeit stellten. Kombiniert mit der Vier-Säfte-Medizin erklärte es, warum die Säfte im Menschen so unausgeglichen sind, daß sie Krankheiten verursachen. Es leitete den Blick, um in Natur und Gesellschaft Beobachtungen zu machen, auch um solche zu fingieren und um Wertungen festzusetzen. Albertus Magnus gibt dafür ein Beispiel ab. Auf die Frage nach der Ursache langen Lebens antwortete er: Im Prinzip sind Männer für ein längeres Leben disponiert; sie haben mehr Wärme als Kälte; Männer sind wärmer als Frauen; die Wärme steht auf der Seite des Lebens, die Kälte auf der Seite des Todes. Aber de facto leben Frauen länger als Männer, und zwar aus drei akzidentellen Gründen: Sie reinigen ihren Körper durch die Menstruation, sie überanstrengen sich weniger beim Geschlechtsverkehr, und sie arbeiten weniger. Jeder dieser drei Gründe verdiente einen Kommentar, aber hier interessiert nur der letzte. Denn bei ihm ist zu vermuten, daß es weniger die eigene Beobachtung Alberts war, die ihn davon überzeugte, daß Männer mehr arbeiten als Frauen, als die Erinnerung an die Bestrafung des Sünders Adam, er müsse sein Brot im Schweiße seines Angesichts essen. De facto haben Frauen wohl nicht weniger gearbeitet als die Männer. Aber ihr mythologisch gefaßtes Bild war durch andere Faktoren bestimmt. Und in diesem Fall weist die Adam-Eva-Erzählung der Frau sogar einmal die günstigere Position zu: Sie lebt länger.

Der biblische Bericht vom Anfang der Menschengeschichte war auch zu vielfältig ausdeutbar, um nur als männliches Herrschaftsinstrument interpretiert zu werden. Meister Eckhart hat aus ihm die Gleichheit, die völlige, nicht nur arthafte Gleichheit von Frau und Mann gefolgert.

Theologen, die bis ins 20. Jahrhundert hinein die Theorie vom androgynen Urmenschen mit auffallender Heftigkeit verwarfen, bekämpften damit die Homosexualität unter Männern, meist unter Klerikern.[70] Dabei spielte die Unterdrückung der Frau keine Rolle. Der alte antifeudale Merkspruch:

> *Als Adam grub*
> *Und Eva spann,*
> *wo war denn da der Edelmann?*

unterminierte die Vorstellung sozialer Hierarchien, und zwar nicht, indem er an das Paradies erinnerte, sondern an die Situation der aus dem Paradies Vertriebenen. Die Lehre Augustins sagte, daß der Sündenfall politische Zwangsherrschaft zur Folge hatte, aber man konnte sie zum Einsturz bringen, indem man sich das erste Menschenpaar auf der von Dornen und Disteln überwucherten Erde exakt vorstellte. Der Bildgehalt des Mythos ließ sich gegen seine doktrinäre Ausdeutung verwenden.[71] Dadurch ergab sich ein reiches, zunächst theoretisch zu bearbeitendes Feld. Der ganze Vorstellungskreis war außergewöhnlich formbar. Er gab zu denken. Daß Eva aus Adams Rippe stammte, konnte zu der Entdeckung anregen, daß Männliches und Weibliches zusammengehören als zwei verschiedene Aspekte des einen Seins. Luther nutzte es, um zu beweisen: Unsere Vernunft muß die Sache mit der Rippe lächerlich finden, wenn sie buchstäblich genommen wird. Aber er schloß daraus nicht, daß eine allegorische Deutung angebracht, sondern daß sie unerlaubt sei. Er wollte die Erzählung nicht als »Mythos« verstanden wissen, sondern buchstabengetreu – als den auftrumpfenden Beweis der göttlichen Allmacht, die alle menschliche Vernunft zuschanden macht. »Wenn du der Vernunft folgst, was kann es Märchenhafteres geben als diese Geschichte?«[72] Sein Verwertungsinteresse war omnipotenztheologisch. Deswegen bestand er auch darauf, die Weltentstehung in sechs Tagen sei wörtlich zu nehmen; er widersprach damit dem Allegorisieren Augustins.[73] Allerdings kam auch er nicht ohne Allegorien aus: Als Gott Adams Rippe entnahm, operierte er nicht wie ein Chirurg, sondern er befahl einfach.[74] So steht es nicht im Text des Moses. Noch freier ging Luther mit Gottes Abendspaziergang im Garten um: Er dekretierte, es sei dunkel gewesen, sie hätten den Wind rauschen gehört, und das habe die nun von ihrer Schuld Überzeugten mit dem Gottesschrecken erfüllt. Sie hätten geglaubt, der Rächergott komme sofort über sie.[75] Wenn Gott fragend ruft : »Adam, wo bist du?« legt Luther das aus: »Glaubst du etwa, daß ich dich nicht sehe?« Luther blieb, was die Schlange angeht, bei der bildlichen Auslegung; die Worte der Verdammung, die Gott zu ihr spricht, sind vorab an den Teufel gerichtet; gleichwohl habe es sich um eine wirkliche Schlange gehandelt, die zuvor aufrecht gegangen sei und in die der Teufel gefahren sei und die sich jetzt allein vom Staub ernähre.[76] Zu der Stelle, an der Gott zur Schlange sagt, er setze Feindschaft zwischen ihr und der Frau, ruft Luther aus: Wer sieht hier nicht, daß sie sich auf den Gegensatz von Satan und Gottessohn bezieht?[77]

Zweitens dienten die Erzählungen der Konsolidierung und Popularisierung von Werthierarchien: Das Bleibende war besser als das Werdende, der Grund oder das Eine war das Gute, der Geist überragte den Körper, die Vernunft stand höher als Wahrnehmung und Begierde.

Daß alle Menschen, die doch so verschieden und so zerstritten seien, einen einzigen Stammvater hatten, war eine bleibende Mahnung zu Frieden und Eintracht; diesen sozialethischen Aufruf entnahm Augustin der alten Erzählung.[78] Zwar hatte auch Adam gesündigt, dennoch repräsentierte der Mann die höhere Stufe; die Ausleger reparierten die Schäden, welche die Erzählung des Sündenfalls dem männlichen Vorrang hätte zufügen können. Gottes Welteinrichtung bzw. die Natur der Dinge selbst verpflichtete den Mann zum Herrschen, die Frau zum Gehorchen. Die Eva-Adam-Geschichte diente auch als Eheparabel, ließ sich erzählen und deuten als Warnung vor Polygamie, Inzest und Mischehen. Sie motivierte die räumliche Trennung der Geschlechter im Kirchengebäude. Unverkennbar das Interesse an Absicherung der männlichen Suprematie. Sie bestätigte den Autoritäten ihr Recht auf rücksichtslos-harte Durchsetzung: Der Pädagoge braucht seit der Erbsünde den Stock, der Fürst braucht, weil er ungehorsame Bürger hat, einen Henker, dozierte Martin Luther.[79] Für Luther diente das Paradies als helle Folie, die uns die Mängel des jetzigen irdischen Lebens schärfer sehen läßt.[80] Seit Ambrosius und Augustin diente die Lehre vom Sündenfall der Rechtfertigung von Privateigentum und Sklaverei, von politischer Zwangsherrschaft.

Drittens: Die Eva-Adam-Erzählung war Auskunft über den Ursprung und diente der Werteabsicherung; gleichzeitig war sie Mahnung und Warnung. Sie hinterließ den Eindruck, die Ordnung des als Mann gezeichneten Jahve und seines männlichen Ebenbildes sei gefährdet, schließlich ist Gottes erster Weltenplan gleich am ersten Tag gescheitert. Tierhafte Schlauheit und schlängelnde Bewegung, kurz: das Irrationale setzten der Geradlinigkeit seines Planens eine Grenze. Seine direkt zielorientierte Aktivität, sein Können als Handwerker und Befehlender drangen nicht durch – angesichts des vereinten Widerstands von Weib und Schlange. Die Erzählung sagt, eine solche Niederlage des Mächtigsten dürfe sich nicht wiederholen. Sie hinterläßt den Eindruck, die rationale Gradlinigkeit bleibe bedroht, und der Leser solle sich auf die Seite der männlich kolorierten Jahve-Ordnung stellen.

Es sind verschiedene Theorien geäußert worden, um das Prekäre der Gottes-und-Mannes-Ordnung zu erklären. Der Satan spielt in den frühen Texten noch keine Rolle. Richtet sich Jahves Strafeifer gegen die Verehrung einer konkurrierenden weiblichen Urgottheit? Ist Eva deren abgeblaßtes Nachbild? Wird sie deshalb als die Schwächere, Anfälligere, aber schleichend Bedrohliche gezeichnet? Dann stünde *Genesis* 2–3 im Zusammenhang einer mit Mühe überwundenen religiösen und sozialen Lebensform mit Muttergottheiten und weiblichen Autoritäten. Dann würden diese dramatischen Kapitel die Schwierigkeit spiegeln, eine patriarchalische Ordnung im Himmel wie auf Erden herzustellen und gegen den Hang zu einer früheren matriarchalischen Erdgottheit zu sichern. In der Hebräischen Bibel gibt es Anzeichen, die eine solche makrohistorische Deutung nahelegen. Dann entspräche die Eva-Adam-Konstellation sozialgeschichtlich der Dominanz von Männergruppen, die ohne Frauen nicht bestehen könnten, aber fürchten müssen, von ihnen in ihrer gradlinigen Rationalität gestört zu werden. Der *Hexenhammer* führt ausdrücklich die Tatsache, daß es Hexen gibt, auf Evas Sünde zurück. Die Hexen als Evastöchter bedrohten demnach die soziale und die klerikale Ordnung. Unter diesen Voraussetzungen mahnt die Sündenfallerzählung zur Aufmerksamkeit, zur Kontrolle, schließlich zur Ausmerzung. Zweifellos hat es Männerbünde gegeben, auch in der Neuzeit, die sich durch schlangenartige Schläue, sinnliche Beweglichkeit und indirekte Annäherungen bedroht sahen und dieses Bewußtsein an der Sündenfallerzählung festmachten. Ich erwähne dies als plausibel, aber die Texte, die ich diesem kurzen Essay zugrunde lege, reichen nicht aus zu der Behauptung eines Konfliktes zwischen einer früheren mutterrechtlichen Ordnung und einem sich mit Mühe durchsetzenden patriarchalischen System. Ich lasse diese Frage hier offen.

Viertens: Die Sündenfallerzählung handelt von der Entdeckung der Sexualität; auch deswegen zieht sie bis heute Interesse auf sich. Sie enthält psychologische Merkwürdigkeiten, die aufgehellt zu haben ich mir nicht schmeicheln kann. Die Eva dieser Erzählung zieht die Blicke auf sich, sie ist die Handelnde, sie übt Einfluß aus, aber sie wird auch gedemütigt, dem Mann noch mehr untergeordnet als vor dem Fall: Auffallende Ambivalenz. Ferner ist merkwürdig: Eva ist verführt worden, Adam nicht, dekretiert der Apostel Paulus (1. *Timotheus* 2, 14). Wieso nicht *er*? Ist nicht gerade er verführt worden? Noch seltsamer ist in der Urerzählung die passive, wortlose Rolle Adams: Er nimmt den Apfel und ißt. Die Handlung liegt ganz bei der Schlange und bei Eva. Hinzu kommt der Reichtum sexueller Motive: Äpfel, Schlange, Nacktheit, Scham. Sind denn in der Regel die Frauen die Verführer? Der Tag mußte kommen, wo die Geschichte gegen den Strich interpretiert worden ist: Als männliche Verführungstat, die auf eine Schlangenfrau abgeschoben wird. Daß es die Frau gewesen sein sollte, die sich durch eine Schlange verführt hat lassen, kam früheren Malern so unplausibel vor, daß sie der Schlange einen Frauenkopf aufsetzten. Sie konnten sich Verführung eher durch einen freundlichen Plausch unter jungen Frauen vorstellen. Aber wenn die Erzählung sich vom Kopf auf die Beine oder von Eva auf Adam umstellen ließ, dann stammte vielleicht nicht Eva aus Adams Rippe, sondern Eva war die Urmutter Adams; er wollte in ihren Schoß zurückkehren, verführte die Mutter und zog dafür den Zorn des Vaters auf sich. Die psychoanalytischen Deuter treten auf, als hätte die Menschheit auf sie gewartet, damit die Evageschichte endlich »richtig« erzählt wird. Deshalb folge ich ihnen hier nicht weiter. Stoff zum Nachdenken geben sie allemal.[81]

Fünftens: Vor 1200 diente die biblische Urgeschichte im lateinischen Westen vorab der Bestätigung der frühmittelalterlich-monastischen Ethik. Dann waren die Adressaten die Männer, die sie zur zölibatären Lebensform anhielt, indem sie an die Unheilsgeschichte erinnerte, die Eva ausgelöst hatte.

Sechstens gab es, wie Georges Duby gezeigt hat, seit dem 12. Jahrhundert auch eine ethisch-religiöse Formierung der Frauen, zunächst der höheren Stände und der Klosterfrauen, die sich auf die Eva-Adam-Geschichte stützte und aus ihr Erziehungsnormen und die richtigen Verhaltensweisen ableitete, vor allem freiwillige Unterordnung der Ehefrauen, Keuschheit der Witwen und Jungfrauen, aber auch die bei Paulus vorgeschriebene und von Augustin eingeschärfte Pflicht der Kopfverhüllung (1. *Korinther* 11, 2–16). Es gab eine christliche Vorschrift des Kopftuchs, die im Mittelalter bei der Pauluserklärung begründet und immer wieder eingeschärft worden ist; sie war nicht nur Gewohnheit, sondern war religiös-ethisch begründet und hat in einigen Regionen Europas bis ins 20. Jahrhundert geherrscht. Es sollte, wie Honorius ausdrücklich lehrte, an den Sündenfall erinnern, also an die moralische Anfälligkeit der Frau und an ihre Unterordnung unter den Mann.[82]

Siebtens gab es Stilisierungen aus typologischem Interesse. Mit Hilfe der Typologie, die von der Allegorie streng zu unterscheiden ist, ließen sich reiche semantische Spiele inszenieren, also Figura-Beziehungen herausarbeiten: vor allem die von Adam und Christus, dem neuen Adam, die Paulus (1. *Korinther* 15, 12 und 15, 47, *Römer* 5) autorisiert hat; dann die von Eva und Maria, auch Eva – Kirche. Alter und Neuer Bund, Urzustand und Endzustand korrespondierten einander; dies ergab Entsprechungen zwischen Paradies und Kirche, zwischen Paradies und künftiger Herrlichkeit der Auserwählten. Kirchenschriftsteller wie Justinus und Irenäus von Lyon behaupteten seit dem 2. Jahrhundert, Eva sei im Paradies Jungfrau geblieben, im Paradies habe es keinen Geschlechtsverkehr gegeben: Dies stärkte die Parallele Eva – Maria und begründete bald den quasi-paradiesischen Lebensstil zölibatärer Mönche.

Achtens formten rituelle Zusammenhänge oder liturgische Formen neue Muster mit dem vorgegebenen Stoff. Gottes Ruhe am siebten Tag diente als Vorbild des Sabbats. Zeitabstände zwischen Adams Erschaffung und seiner Einführung ins Paradies begründeten schon im antiken Judentum rituelle Fristen der Präsentation im Tempel; Riten der Exkommunikation und der Buße regelten Erwähnung bzw. figürliche Darstellung von Eva und Adam an der Kirchenfassade, also außen.

Neuntens enthielt die Paradieserzählung ethisch-politische Ideale friedlich-glücklichen Zusammenlebens. Das Paradies war verloren, wie das Goldene Zeitalter der Heiden auch, aber es ermöglichte einen Begriff vom Himmel, es ließ sich teilweise vorwegnehmen im jungfräulichen Leben des Klosters. Waren Herrschaft, Krieg und Privateigentum erst durch Adams Fall entstanden und standen, wie Augustin gezeigt hatte, diese drei Elendsgründe in innerer Verbindung, dann verwirklichte der Verzicht auf sie eine paradiesische Lebensform. Die Wissenschaft gab Anteil am Wissen Adams; erlaubte eine Beherrschung der Tiere, überhaupt der Natur, wie Adam sie hatte. Das halbgöttliche Wissen Adams erklärte seine Kunst der Lebensverlängerung; schließlich waren Adam und seine Söhne, sofern sie nicht ermordet wurden, für ihr langes Leben berühmt.

# ZWEITER TEIL

## DOKTRINEN

# I. ERSCHAFFUNG

## 1. Adam aus Erde

Nun möchte ich die Hauptthemen des Eva-Adam-Kreises durchgehen und einen Eindruck geben von der europäischen Denkarbeit an diesem orientalischen Stoff. Ich beginne noch einmal von vorn, also mit der Erschaffung Adams. Zwar gebührt Eva die Ehre, die Mutter aller Menschen und als einziger Mensch im Paradies zur Welt gekommen zu sein; als Urheberin der Sünde hat sie die Menschheitsgeschichte in Gang gesetzt. Mögen der »männliche Blick« und die Konstruktion vieler Theologen auf die Sünde Adams fixiert sein – *sie* war die Hauptsünderin, der Ursprung der Sünde und damit allen Fortgangs. Dennoch war Adam der erste Mensch, den Gott geschaffen hat. Beginnen wir also mit ihm. Mit dem Blick auf ihn läßt sich bequem die Vorstellung historisieren, was am Anfang stand sei das Beste.

*Wir* sprechen redensartlich vom »alten Adam« und erinnern damit an die Schwäche der menschlichen, insbesondere der männlichen Natur, aber für die ältere Zeit, also bis gegen 1800, war Adam eine ehrfurchtgebietende Gestalt. Er hieß der »alte Adam« in Entsprechung zu Christus, dem »neuen Adam«; er war würdig, weise, patriarchalisch.

Wie wir ihn uns vorstellen können, hat Piero della Francesca um 1452 in Arezzo gemalt. Wir sehen ihn im Augenblick seines Todes. Zum ersten Mal macht ein Mensch die Erfahrung des Sterbens. Aber er winselt nicht als armer Sünder, der den Tod über die Menschheit gebracht hat. Er geht gefaßt in den Tod, zart gestützt von Eva. Ihn umgeben seine drei Söhne, Kain, Abel und Seth, in ernstem Nachdenken. Adam hatte Seth an das Tor des Paradieses geschickt, um das Öl der Erbarmung zu erhalten. Der Erzengel verweigerte es ihm, gab ihm aber Samenkörner mit, dem toten Adam in den Mund zu legen. Daraus würde das Holz des Kreuzes Christi wachsen. Die Legende verknüpfte den Tod Adams mit dem Erlösungstod Christi, Piero bezieht sich auf diesen Zusammenhang, aber malt die Kreuzauffindung, ohne Adams Sterbeszene symbolisch zu überblenden.

Adam war der Stammvater, Gottes Meisterwerk. Er war – im Unterschied zu allen anderen irdischen Wesen – nicht durch Naturursachen, sondern aus Gottes unmittelbarer Handlung hervorgegangen. Bevor die Entwicklungsmetaphysik sich

durchsetzte, galt der Anfang nicht als primitiv, sondern als die normative, die vollkommene Gestalt. Erneuerung legitimierte sich durch Rückgriff auf die Urform,
als reformatio oder rinascità. Nicht war Adam der unbeholfene Beginn späterer
Hochentwicklung, sondern die Menschheit galt als die defiziente Nachahmung
der Urform des Menschen, die aus Gottes Hand gekommen ist. Die Erstform war
vollkommen. Er war die Krönung des Schöpfungswerks. Vom Mann zu sagen, er sei
die »Krone der Schöpfung«, wirkt heute unweigerlich lächerlich; die Vorstellungswelt von Eva und Adam hat inzwischen jede Autorität verloren und steht wider-
standslos der subjektiven Umformungskunst zur Verfügung. Aber *vor* dem 18. Jahrhundert war Adam der Mikrokosmos, der den Kosmos in sich zusammenfaßte. Er
entstand am Ende der sechs Schöpfungstage, als Ziel und Abschluß der göttlichen
Tätigkeit, und er profitierte jahrtausendelang vom Respekt vor dem Alter. Der jüdische Religionsphilosoph Philo erklärte Adams Vorrang so: Gott hat erst alle anderen Dinge erschaffen, damit dem Menschen, der ihm am meisten verwandt ist,
es an nichts fehle. Er sorgte für seine Ernährung. Damit er das gute Leben fände,
schuf er die Himmelskörper, die sein Verlangen nach Einsicht erregen. Dadurch
sei die Philosophie entstanden, die dem Menschen, auch wenn er sterblich sei,

Unsterblichkeit gewähre. Gott habe gehandelt wie ein Gastgeber, der erst zum Mahl ruft, wenn alles für die Gäste bereitet ist, oder wie ein Regisseur, der erst das Spiel beginnen läßt, wenn für seine Überraschungen alles parat steht. Soweit Philo, der auf die jüdische wie die christliche Auslegung der Schöpfungsgeschichte großen Einfluß ausübte.[1] Demnach war der Mensch der Sinn des ganzen Universums. Als alles vorbereitet war, trat er auf, als Herr und Ziel des Prozesses. Er wurde nicht als Kind erschaffen, sondern, wie Augustin traditionell lehrte, im vollkommenen Mannesalter, mit 30 Jahren. Die ganze Schöpfung sollte ihm dienen, so wie er Gott diente. Gott wollte, daß der Mensch ihm so diente, daß nicht Gott, sondern der Mensch davon den Nutzen hätte und daß die ganze Welt dem Menschen diente. Es konnte sich tatsächlich ein gewisser theologischer Anthropozentrismus an die ersten Kapitel der Bibel anschließen; nur handelte es sich dabei um die Augustinische Hierarchievorstellung und Gehorsamsmetaphysik, die Petrus Lombardus für die Theologenzukunft fixiert hat: Alle Dinge sollen dem Menschen dienen, Eva soll Adam dienen, beide sollen Gott dienen.[2] Aber immerhin: Die ganze Welt, nicht nur das Paradies, war für Adam bestimmt.

Noch ein Denker, den Ernst Cassirer nicht zu Unrecht als einen der Gründer des neuzeitlichen Individualitätsdenkens angesehen hat, Nikolaus von Kues, konnte schreiben, die Menschheit insgesamt bringe nichts anderes zur Anschauung als die Potenz Adams.[3] Dieses Beispiel zeigt, was Ursprungsdenken vermag: Sich die gesamte Menschheit denkend vergegenwärtigen, bedeutet ihm nichts anderes, als die Wirkmacht Adams zu sehen. Andererseits war Adam – auch ohne alle Sündentheologie – der Mann aus Lehm. Er erinnerte an unsere Herkunft aus Ackererde, zu der wir zurückkehren; er war ein Memento mori, das unsere Hinfälligkeit festhielt. Adam war *der* Mensch, und die Etymologie versicherte seit Quintilian, das Wort »Mensch« (homo) komme von »Ackerboden« (humus); diese Erklärung wurde seit Isidor von Sevilla ständig wiederholt.[4] Der Mensch war zugleich Erde und eingeblasener göttlicher Lebenshauch. Darin lag ein Gegensatz, unabhängig noch von allen Pythagoreismen oder Platonismen. Diese charakteristische Doppelung wurde seit dem 13. Jahrhundert ausgebaut mit Hilfe der griechischen Metaphysik von Stoff und Form. Lehm und Nasenhauch, das bedeutete dann Form und Stoff, Geist und Leib; der Wertvorrang lag bei Form und Geist. Diese harmonisierte Dualität scheint im 20. Jahrhundert zerbrochen; der katholische Lyriker Konrad Weiß setzte ihr das alttestamentliche Bild entgegen: Adam – der *Mann aus Erde*.

Sein Gedicht endet mit der Aufforderung:

*... werde Fleisch, dann bricht*
*Die Ader ein zum ewgen Herzen.*[5]

Konrad Weiß beschwört Adam als Erdenkloß, anti-idealistisch, gegen christlichen Spiritualismus. Er entnimmt der Adamserzählung, Leiblichkeit und Zeitlichkeit seien gegen allen Platonismus unser Geschick. Wir sollen nicht wollen, ihm zu entkommen. Diese Akzentsetzung ist die des 20. Jahrhunderts; seit der späten Antike bis ins hohe 19. Jahrhundert schien das Gegenteil festzustehen: Gott hat vernünftige Wesen erschaffen, um mit einigen von ihnen seine geistige Glückseligkeit zu teilen; der Herr schätzte Gesellschaft. Die geistigen Geschöpfe, sagte man, seien entweder körperlose reine Geister wie die Engel, oder sie sind Seelen, die einem Körper verbunden sind. Die antiken Kirchenschriftsteller rätselten darüber, warum der Schöpfungsbericht die Engel nicht erwähnt. Sie waren der größere, der bessere Teil der Schöpfung. Waren sie etwa mit dem »Licht« gemeint, von dem Moses sagt, es sei *vor* der Sonne erschaffen worden? Aus dem alttestamentlichen Bild vom Menschen – Erdenkloß mit Gottes Lebensodem – wurde im Laufe der Auslegungsgeschichte die These, der Mensch bestehe aus einer geistigen Seele und aus »Fleisch«. Dies stand zu Beginn der mittelalterlich-westlichen Denkentwicklung fest, von Augustin her, aber nicht nur von ihm aus. Petrus Lombardus schrieb diese Lesart fest.[6] Damit war die Stellung des Menschen im Universum bestimmt. Nicht wenige Kirchenschriftsteller übernahmen bei ihrer Erklärung der *Genesis* das antikphilosophische Motiv der »Würde des Menschen«. Sie applizierten ihr philosophisches Hierarchiekonzept auf den Anfang der Bibel. Dabei mußte doch ein schlichter Leser der *Genesis* aus der Gottebenbildlichkeit des Menschen folgern, Gott sehe dem Menschen körperlich ähnlich. So stellten ihn die Maler ja auch dar. Aber dagegen gab es seit Philo, Origenes, Ambrosius und Augustin einen weitgehenden, übrigens nie alle umfassenden Konsens: Die Gottebenbildlichkeit sollte sich auf den Geist oder die Seele beziehen, nicht auf den Leib. Allerdings gab es christliche Denker wie Tertullian, aber auch muslimische Autoren, die erkannten, daß die Lehre von der reinen Geistigkeit Gottes philosophischer Import war; sie bestanden auf dem anschaulichen Wortlaut der Schrift. Dennoch galt weitgehend als ausgemacht, Verstand und intellektuelle Einsicht seien das Gottähnliche im Menschen. Nun sprach die *Genesis* davon, Gott habe aus Staub den ersten Menschen geformt (*Genesis* 2, 7), das mußte dann so ausgelegt werden, Gott habe sich diesmal besonders konzentriert und aktiv gestaltet; er habe nicht wie bei den anderen Geschöpfen der ersten fünf Tage nur wie unbeteiligt einen Befehl ausgesprochen. Man stritt, worin die Gottebenbildlichkeit Adams genau bestanden habe: In seiner geistigen Seele, in seinem Intellekt, in seiner Weisheit, seinem freien Willen oder seiner Herrschaft über die Welt. Die Antwort lief auf den menschlichen Geist als Vergleichsmoment hinaus. Diese platonisierende Interpretation ließ sich mit Aristoteles verbinden und wurde so sehr mit dem Text verwoben, daß es Anstrengung kostet, sie wieder davon fernzuhalten. Historisch gelesen, bietet *Genesis* 1–3 ihr keinen Anhalt. Die ersten drei Kapitel der Bibel wissen weder etwas von Engeln noch von Geistseelen. Die Kommentare der Folgezeit ergehen sich in Diskussionen über Intellekt und freien Willen. Sie behaupten in der Regel, wenn Gott im Plural von sich spreche – »Lasset uns den Menschen machen…« –, dann beziehe sich das auf ein Gespräch von Gott Vater mit Gott Sohn. Schon der Jude Philo fand darin eine Unterhaltung des Schöpfers mit der Weltvernunft, dem Logos. Aber dies alles sind Adaptionen der schlicht-anschaulichen beiden Schöpfungsberichte an eine komplizierter gewordene intellektuelle Umwelt.

Von Verfälschung zu reden, ist kein Anlaß. Die europäische Ideenentwicklung mußte die alten Vorlagen spekulativ überladen, sollten sie doch als das Wort Gottes *alle* Wahrheit enthalten; sie waren nur dann autoritativ zum Sprechen zu bringen, indem man ihnen allen je aktuellen Tiefsinn ansann. Solange die platonisch-aristotelische Philosophie des Geistes – meist in der Umformung Augustins – als wahr galt, wies man sie bei Moses nach; als die Ökologie zum Modethema wurde, entnahm man den ersten Kapiteln der Bibel, wir Menschen hätten die Schöpfung zu »bewahren«. Nun sagt der älteste Text tatsächlich, Gott nahm den Menschen und setzte ihn in den Garten von Eden, »ihn zu bebauen und zu bewahren« (*Genesis* 2, 15). Zur Zeit des Kulturprotestantismus entdeckte man hierin die lutheranische Idee vom Wert der Arbeit; dann gruben Ökologen den Text um. Die älteren Kommentatoren fanden beides nicht. Wovor sollte der Mensch das Paradies »bewahren«? Sollte er es vor bösen Dämonen bewachen? Sollte er wilde Tiere abhalten? Das paßte nicht recht zur Vorstellung paradiesischen Friedens. Vor technisch-industrieller Naturzerstörung brauchte das Paradies nicht geschützt zu werden – war eine leichte, lustvolle Gartenarbeit gemeint? Die harte Landwirtschaft kommt erst später als Sündenstrafe vor, also, folgerte Augustinus, sollte Adam ein wenig gärtnern, »nicht mit sklavischer Mühe, sondern mit ehrenhafter Seelenlust«.[7] Ambrosius hielt das noch für zu viel unparadiesische Anstrengung. Er tadelte Philo, der die Stelle so ausgelegt habe, Adam sollte im Garten arbeiten und das Haus »bewachen«. Er plädierte dafür, die Stelle allegorisch zu deuten: Unter dem »Bewahren« (custodire) des Gartens sei die Übung der Tugenden zu verstehen. Wir sollen die Stelle »moralisch oder geistlich« auslegen, also wachsam sein, die Gnade zu »bewahren«.[8] Von Ökologie ist nirgends die Rede – weder bei der Seelenpflege des Ambrosius noch bei der Sonntagsgärtnerei des Augustinus. Auch Thomas Aquinas lehrte, das Bewachen könne nur bedeuten, daß der Mensch auf sich selbst aufpassen sollte.[9]

Schon vor der Sünde bestand in Adam ein gewisser Gegensatz. Gegen die Vollkommenheit des ersten Menschen, den Gott nach seinem Bild und Gleichnis geformt

hatte, stand seine Herkunft aus Staub, die sich mit Calvin dahin auslegen ließ, wir sollten das Fleisch nicht überschätzen. Wir werden in den Staub zurückkehren, aus dem wir genommen sind. Übrigens wußte der Historiker Flavius Josephus, um welche Art von Erde oder Staub es sich handelte: Er leitete das Wort ›adam‹ ab von ›adom‹, rot sein, weil er aus roter Erde genommen sei. Flavius Josephus war im Mittelalter in Übersetzung bekannt, seine Ableitung klang in lateinischen *Genesis*-Kommentaren nach. Nicht, als hätte jemand Adam als Rothaut gedacht. Rot war die Purpurfarbe der Könige; Adam war erschaffen als Priester und Prophet; zu seiner Würde gehörte, daß er Herrscher war im Gottesstaat des Paradieses. Er war durch seinen Intellekt Gottes Ebenbild; er war die Zusammenfassung der Welt, also Mikrokosmos; als Produkt des letzten Schöpfungstages entsprach er insbesondere dem Licht, dem Produkt des ersten Tages; aber in ihm flossen auch alle *sozialen* Kompetenzen zusammen.

Das Mainzer Diözesanmuseum bewahrt eine Skulptur, die aller Wahrscheinlichkeit nach Adam darstellt, den sogenannten Mainzer Kopf mit der Binde. Sie dürfte vom Naumburger Meister stammen, der sich auf dem Weg von Reims nach Naumburg längere Zeit in Mainz aufgehalten und die Figuren des Westlettners geschaffen hat. Wie dem auch sei: Die Kopfbinde des jugendlichen Mannes zeigt Reste einer Rotfärbung. An einer Kreuzrippe finden sich Fragmente eines Armes und eines Knies, die zu dieser Figur passen. Sie dürfte als Schlußstein eines Kreuzrippengewölbes fungiert haben. Solange die Reichsideologie in Blüte stand, sahen Kunsthistoriker in diesem Kopf ein Bild des Kaisers Friedrich II., der tatsächlich in Mainz gekrönt worden ist. Die Farbe der Binde sollte sagen, der Kaiser sei getauft im Blute Christi. Als in den fünfziger Jahren die christlichen Motive Konjunktur hatten, deutete Herbert von Einem die Figur fromm, mystisch und zugleich humanistisch: Es handle sich um den Adam, der erlöst sei, das mystische Paradies der Kirche verkörpere; zugleich stelle dieser Adam den Mikrokosmos dar; er verkörpere die vier Weltrichtungen, daher sei er am Zusammenlaufen der Kreuzrippen angebracht gewesen. Dabei habe der Künstler Anschluß gesucht an die Bildtradition des homo quadratus und des homo circularis.[10] Das war eine zeitgemäße Deutung; das politische Lied klang noch zu garstig; der Kunsthistoriker forderte, daß der Figur »eine allegorisch-symbolische Bedeutung innewohnt.«[11] Andere Kunsthistoriker sahen einen Propheten und König, andere ein Symbol der Königssalbung; wieder andere stritten, ob der »alte« Adam oder der »neue« Adam abgebildet sei, ohne uns mitzuteilen, ob der »neue« Adam Christus oder der auferstandene alte Adam ist.

Die Sache ist kompliziert; es fehlen entscheidende Daten. Ich nenne nur die Argumente, die aus meiner Sicht für die Identifikation des Kopfes mit Adam sprechen dürften:

Die Beziehung auf Kaiser Friedrich II. scheidet wohl aus chronologischen Gründen aus.

Nichts spricht für eine Darstellung Christi als des »neuen« Adam. Auch für den auferstandenen alten Adam gibt es keine Hinweise, hingegen stimmen folgende Faktoren zu dem soeben geschaffenen Adam:

Der Kopf paßt zum jugendlichen Alter von etwa 30 Jahren des »alten« Adam, die Purpurfarbe der Binde entspricht seiner Rolle als Herrscher. Die Deutung der Farbe als Taufsymbol ist optisch nicht einzulösen. Zwar gab es die Überlieferung, Adams Schädel sei unter dem Kreuz vom Blut Christi benetzt und damit von Sünden gereinigt worden, aber es handelt sich um einen Kopf, nicht um einen Totenschädel, und die Farbreste finden sich nur an der Herrscherbinde. Der rötliche Sandstein, der in Mainz allerdings häufig ist, mochte daran erinnern: Adams Leib war aus roter Erde gebildet, wie Flavius Josephus zu wissen glaubte (*Antiquitates* I 1, 2); Petrus Comestor hat diese Version überliefert; noch Luther kannte diese Auslegung und lehnte sie ab.[12]

Der Adam des Mainzer Domlettners streckte Hände und Füße in die vier Himmelsrichtungen aus. Diese Position im zusammenlaufenden Kreuzrippengewölbe legt die Einheit von vier Konstituenten nahe, seien diese die vier Elemente, die vier Himmelsrichtungen, deren griechische Anfangsbuchstaben das Wort »Adam« ergeben,[13] oder die vier Kardinaltugenden, die aus seiner Weisheit hervorgehen. Dieser Adam, der perfekte königliche Mensch als Mikrokosmos, befand sich am höchsten Punkt des Lettnergewölbes; auf dem Lettner erhob sich über ihm das Triumphkreuz, von dem man sich vorstellte, es stehe am Mittelpunkt der Welt. In der Mitte des 13. Jahrhunderts standen Adam und Christus, also Anfang und Höhepunkt der Geschichte, Kosmos und Erlösung, harmonisiert vor Augen; zwischen den beiden Männern war Eva nicht zu sehen.

## 2. Eva – aus Adams Rippe

Wir suchen Eva, aber bevor wir zu ihr kommen, muß Adam in Schlaf versinken. Hat Gott ihn in Ohnmacht versetzt, hat er ihm eine prophetische Vision gegönnt? Die Septuaginta nennt Adams Zustand eine ekstasis; war Eva eine Traumvision des Mannes? Der Adam Michelangelos ersieht sie im Mantel Gottes.

Nein, ex costa viri – buchstäblich aus der Rippe, lautete im Westen die orthodoxe Antwort. Immer wieder einmal traten Denker auf, die Gott diesen chirurgischen Eingriff ersparen wollten und eine allegorische Deutung vorschlugen. Sie stießen auf Widerstand: Wilhelm von Conches im 12. Jahrhundert mußte seinen Text ändern, in dem er die Erzählung von Adams Rippe bildlich gedeutet hatte; der Kardinal Cajetan kehrte, wie erwähnt, nach Jahrhunderten des »Realismus« zur symbolischen Deutung des Origenes zurück und löste einen Sturm der Entgegnungen aus, besonders bei den Jesuitentheologen Suarez und bei Bellarmin, den wir aus dem Galilei-Prozeß kennen. Evas Herkunft aus Adams Rippe war wörtlich zu nehmen; das lehrte Luther, der immer noch gegen Origenes polemisierte,[14] und die päpstliche Bibelkommission hat mit Dekret vom 30.6.1909 dies noch einmal eingeschärft.

Den Theologen schuf Adams Rippe vom 12. bis zum 17. Jahrhundert Probleme. Sie diskutierten: Hatte Adam, bevor ihm Eva entnommen wurde, eine 13. Rippe? Das war noch die Theorie Luthers,[15] sie schien aber unvereinbar mit der Vollkommenheit des göttlichen Meisterwerks: War Adam nicht von Anfang an entstellt, monströs, wenn er mit einer Rippe zuviel gekneted war? War er dann nicht ein Monstrum? Das wäre doch, sagte Nikolaus von Lyra, als werde ein Mensch mit sechs Fingern geboren. Die Vollkommenheit des ersten Menschen schloß alles aus, was nicht teleologisch sinnvoll war. Daher protestierten englische Theologen des 17. Jahrhunderts gegen Künstler, die Adam und Eva mit Nabel darstellten, den sie ja nie gebraucht hätten. Wenn Gott Adam eine normale Rippe entnommen hat, dann

fehlte Adam nachher eine Rippe, und er war deshalb unvollkommen. Wie wird aus einer Rippe eine Frau? Dazu war eine gewisse Bastelarbeit notwendig, auch die Quantität stimmte nicht. Und brauchte Gott dazu nicht auch Fleisch? Im 12. Jahrhundert, berichtet Petrus Lombardus, pflegte man die Frage zu stellen (solet etiam quaeri), ob Gott bei der Umbildung einer Rippe zu einer Frau noch zusätzliche Materie verwendet habe. Dann müßte das ziemlich viel Stoff gewesen sein, und es müßte dann heißen, Gott habe Eva aus diesem Zusatzstoff gebildet. Der Lombarde entschied daher, im Anschluß an Hugo von Sankt Viktor, Gott habe in seiner Allmacht den Stoff der Rippe auf dieselbe Weise vermehrt, wie er mit fünf Broten Tausende gespeist habe. Hugo und Petrus setzten eine wunderhafte Rippenvermehrung neben die wunderbare Brotvermehrung.[16] Wunderscheu war das maßgebende Lehrbuch der mittelalterlichen Theologie ohnehin nicht. Auf die Frage, warum Gott die Rippe während Adams Schlaf und nicht in dessen Wachzustand herausgenommen habe, antwortete Petrus, der Mann sollte keinen Schmerz empfinden. Er sollte seine Frau nicht als Strafe entgegennehmen und die göttliche Allmacht um so mehr bewundern, als Gott den Eingriff schmerzfrei vorgenommen habe.[17]

Hundert Jahre später sah die Sache anders aus. Jetzt hatte man die *Physik* des Aristoteles studiert und empfand unnötige Wunder als belastend. Schon Augustin hatte gefragt, wie die Vergrößerung des Umfangs – von einer Rippe zur Frau – möglich sei außer durch Verdünnung.[18] Dann müßte ja der Körper der Frau dünner sein als Luft. Es blieb dann nur die Alternative: Entweder ein Wunder, oder Gott hatte fremden Stoff hinzugefügt. Thomas von Aquino nahm sich der Frage an. Er stellte einleitend fest, der Ursprung Evas aus der Rippe sei verbindliche Kirchenlehre (apud Catholicos dubium esse non debet). Er wußte, daß es christliche Zweifler gegeben hatte, aber er wies sie schroff zurück, nur die Juden ergingen sich darüber in allerhand Fabeln. Es ist nicht deutlich, woran Thomas dabei dachte: War es die Neigung des Moses Maimonides zu allegorischen Deutungen, oder war es die Vorstellung eines androgynen Urmenschen? Thomas untersuchte sorgfältig, sozusagen »physisch« die Möglichkeit einer Verdünnung (rarefactio) der Rippe. Aber er wies die Auskunft zurück, die Petrus Lombardus und Hugo von Sankt Viktor gegeben hatten: Er wollte keine zusätzlichen Wunder. Zwar war die Erschaffung der Welt und Adams ein Beweis übernatürlicher Kraft, aber nachdem die Naturen der Dinge einmal wunderbar erschaffen sind, haben die geschaffenen Wesen ihre eigene Natur, an die wir uns bei unseren Erklärungen möglichst zu halten haben. Also entschied Thomas sich dafür, Gott habe *vorhandenen* Naturstoff zur Rippe Adams hinzugefügt, um die Frau zu bauen.[19] Das ging allerdings auch nicht ohne Wunder. Denn schmerzlos sollte die Operation sein, behauptete auch Thomas. Außerdem forderte er, daß der Stoffzusatz zu Adams Rippe nicht einfach addiert, sondern durch Adams Rippe vermittelt gewesen sein müsse. Thomas war besorgt, wo sich bei der Totenauferstehung am Jüngsten Tag Adams Rippe wiederfinde: In Adam oder in Eva? Er plädierte für Eva, denn zu ihrem Körper gehöre diese Rippe in einem engeren Sinn: Bei Adam habe sie sich befunden nur zur Erhaltung der Art, aber in Eva gehöre sie zum individuellen Wesen.[20]

Die Entstehung Evas hat die christlichen Denker gründlich beschäftigt. Augustin betonte, diese Erzählung beweise, daß der Urmensch nicht androgyn erschaffen worden sei.[21] Petrus Lombardus erklärte, warum Eva nicht mit Adam zugleich erschaffen worden sei: Gott habe den einheitlichen Ursprung der Menschheit zeigen und außerdem den Teufel demütigen wollen.[22] Thomas fand es angemessen, daß die Frau, die ein »unvollkommener Mann« sei oder ein Wesen, das nur durch Zufall kein Mann sei (vir imperfectus sive occasionatus), nicht eigens wie Adam aus Erde, sondern aus dessen Rippe gebildet worden sei. Im 12. Jahrhundert verstärkte sich das schon bei den Kirchenvätern auftretende Motiv einer engen Gemeinschaft von Mann und Frau: Eva stamme aus Adam, weil Gott eine Liebesgemeinschaft (consortium dilectionis) wolle, sagte Petrus Lombardus, der nicht an eine romantische Liebesehe dachte, sondern an willig geleisteten Dienst. In der künstlerischen Darstellung der Entstehung Evas hat Roberto Zapperi einen auffälligen Wandel festgestellt: Vor 1100 entnimmt Gott Adam eine Rippe, und man sieht die Rippe, aus der Gott Eva bildet oder aufbaut (aedificavit, sagt die Vulgata in Vers 2, 22), in Gottes Hand. Nach dieser Zeit überwiegt eine andere Vorstellung: Eva erhebt sich auf Gottes Wink hin aus Adams Seite. Die Vorstellung technischer Herstellung tritt zurück; die Verbindung zwischen Adams und Evas Leib wird enger; ihre Gemeinsamkeit in der menschlichen Natur wird sichtbar. Die neue Darstellungsweise legt die Idee einer gemeinsamen Menschheit und die Ethik der Eintracht nahe.[23]

Warum wurde sie aus der Rippe genommen?

Eckhart gab darauf in der Predigt *Iusti vivent in aeternum* seine Antwort: Gott nahm sie nicht aus Adams Fuß, nicht aus dem Kopf, weil sie ihm völlig gleich sein sollte, weder darüber noch darunter, so wie die Seele Gott gleich ist, weder darüber noch darunter.[24]

Das war keineswegs die allgemeine Ansicht, auch wenn viele seit Hugo von St. Viktor, dem Bibeltext folgend, aus Evas Rippenherkunft folgerten: Sie war nicht aus dem Kopf, nicht aus dem Fuß Adams entnommen, weil sie von gleicher Art war wie Adam.[25] Gott hatte, bevor er Eva schuf, eine Tierschau veranstaltet und so in Adam den Wunsch nach einer gleichartigen Gehilfin geweckt: Eva war Adam näher als die Tiere; ihre Gleichheit war Gleichheit in der *Art*. Gott hatte Eva sekundär, in zweiter Linie intendiert, sie war für die Fortpflanzung nötig, für alle anderen menschlichen Bedürfnisse, hoben die Männer seit Augustin[26] hervor, waren Männer besser geeignet als Frauen.

Hier bietet sich Gelegenheit, den heiligen Thomas von jedem Makel des Feminismus zu befreien.[27] Dies sind seine Sätze: Eva war Adam gleich in der Art, aber untergeordnet. Thomas begründete dies sowohl aus Paulus (bes. 1. *Korinther* 11, 7 und 14, 34) wie aus Aristoteles: Die Aktivität der Erzeugung geht vom Mann aus, die Frau bringt nur die Materie. Die Natur intendiert nur Männer; Frauen kommen nur durch ungünstige Nebenumstände bei der Erzeugung zur Welt; die Frau ist ein von der Natur verfehlter Mann (mas occasionatus, *De animalibus* II 3). Auch Augustin hatte gelehrt, die Frau sei dem Mann unentbehrlich einzig zur Fortpflanzung. Rhetor, der er war, fand er dafür die passende Metapher: Sie ist wie die Erde, die dem Samen hilft, daß aus beiden eine Pflanze geboren werde.[28] Wilhelm von Auvergne, von dem das *Lexikon des Mittelalters* zu berichten weiß, er habe sich »hellsichtig und entschlossen« den neuen wissenschaftlichen Herausforderungen gestellt, formulierte die aktive Rolle des Mannes im Verhältnis zur Frau ebenso hellsichtig wie entschlossen im Blick auf die heimische Landwirtschaft: Die aktive Zeugung durch den Mann sei vergleichbar der Herstellung von Käse, der nur durch Druck auf die Milch zustandekomme.[29] Alexander von Hales glaubte zu wissen, im Paradies wären nur Jungen zur Welt gekommen; um Mädchen zu erzeugen, hätte

Adam mit seiner Phantasie die volle Kraft seines Samens dämpfen müssen.[30] Thomas drückte sich mit Berufung auf Paulus fachlicher aus: Die Frau ist nach Gottes Ebenbild, ad imaginem Dei, geschaffen, aber nicht im selben Sinn wie der Mann, denn der Mann ist Seinsgrund und Ziel der Frau.[31] Gott verhält sich demnach zur Welt wie der Mann zur Frau. Thomas zitierte Paulus: Die Frau stammt vom Mann, nicht der Mann von der Frau; die Frau ist die »Herrlichkeit, der Glanz des Mannes«, gloria viri, wie der Mann die Herrlichkeit oder der Glanz Gottes, gloria Dei, ist. Thomas war historisch im Recht, als er sich für seine Geringschätzung der Frau sowohl auf Paulus wie auf Aristoteles berief.

Thomas hat bei Aristoteles gelernt, Lebewesen mit dem Blick des Biologen zu sehen. So stellte er sich die Frage, warum Gott bei den Tieren immer zugleich Paare geschaffen habe, während er beim Menschen das weibliche und das männliche Wesen zeitlich verschoben und in charakteristisch verschiedener Weise geschaffen habe. Er antwortete: Aristoteles zeige in seinem Buch *Von der Hauswirtschaft*, die Frau sei nicht nur zur Erzeugung des Nachwuchses mit dem Mann verbunden, sondern teile mit ihm das Leben, so daß sie sich ergänzen durch ihre je verschiedene Art zu wirken.

Das klingt wie eine Aufwertung der Frau. Aber Thomas fährt fort: Gerade weil Mann und Frau ihr Leben teilen und ein Haus bewirtschaften, kommt bei Menschen dem Mann eine bestimmendere Rolle zu als bei Tieren. Der Mann ist das Haupt der Frau (caput mulieris); er hat mehr als die männlichen Tiere die Funktion des Prinzips. Deswegen sei die Erschaffung der Frau aus der Rippe Adams beim Menschen angezeigt, bei Tieren nicht.[32]

Die alttestamentliche Erzählung vom Ursprung Evas aus Adams Rippe ließ sich also verschieden auslegen. Meister Eckhart diente sie zur radikalen Enthierarchisierung – zwischen Mensch und Gott, zwischen Mann und Frau. Aber weit überwiegend lag der Akzent auf Evas sekundärer Rolle. Der Mann war ihr Grund und ihr »Haupt«. Von Gottebenbildlichkeit war in *Genesis* 1, 27 nur beim »Menschen«, also bei Adam die Rede. Die Erschaffung Evas wurde als die Bildung ihres Leibes geschildert; die Einhauchung einer Seele wurde nicht erwähnt. Augustin wunderte sich, daß bei der Frau zwar von Gottes Umbau der Rippe zu ihrem Körper die Rede sei, nicht aber wie bei Adam von der Einhauchung ihrer Seele.[33] Er folgerte daraus nicht, die Frau habe keine Seele. Aber es bestätigte ihm das Gesamtbild der Frau als eines sekundären Geschöpfs.

Dieses Bild speiste sich sowohl aus der Bibel wie aus der antiken, insbesondere der philosophischen Literatur. Man erinnere sich an Hesiods Pandora. Es wird immer wieder einmal versucht, die »Schuld« für die Geringschätzung der Frauen anders, nämlich einseitig zu verteilen – gegen das rationale, für das mythische Denken, für das Neue Testament gegen den Neuplatonismus, gegen Augustin oder gegen die aristotelisierenden Scholastiker, für die weiblichen, gegen die männlichen Theoretiker, zum Beispiel für Hildegard von Bingen. Solche Plädoyers entdecken und präsentieren in methodenschwacher Frauenfreundlichkeit »Ausnahmen« von der männlichen Selbsteinschätzung, sie bewähren sich nicht in der quellenorientierten historischen Forschung, jedenfalls nicht für die Zeit vor dem 14. Jahrhundert. Das männliche Überlegenheitsbewußtsein kam geschichtlich von weit her, wir finden es in *Genesis* 1–3 und am Anfang der Philosophie. Aristoteles berichtet in seiner *Metaphysik* A 5, 986 a 22–986 b 4, die Pythagoreer hätten eine Prinzipienlehre mit zehn gegensätzlichen Weltgründen aufgestellt, nach Wertgesichtspunkten geordnet: Eines – Vieles, Rechts – Links, Licht – Dunkel, Ruhe – Bewegung, darunter auch männlich-weiblich. Die Frauen kamen auf der linken Seite zu stehen, mit einander widersprechenden Begründungen, ungebrochen fast bis in die Gegenwart – , auch wenn sich im 12., im 14. und im 18. Jahrhundert Zäsuren abzeichnen. Ihr uriger Ursprung und ihre Kontinuität *rechtfertigt* diese Tradition nicht, aber mir scheint, man solle sie nicht mit Empörung quittieren oder nach Ausnahmen fischen, sondern sie geduldig aus den Lebensbedingungen der früheren Menschheit erklären. Die gesamte europäische Tradition dachte fast ausnahmslos misogyn, auch wenn sie nie so weit gegangen ist, der Frau die Geistseele abzusprechen.

## II. PARADIES

### 1. Ein wenig Geographie

Eva und Adam. Wir müssen uns ihre Örtlichkeit näher ansehen. Eva entstand im Paradies, in paradiso voluptatis, wie die merkwürdige lateinische Übersetzung von *Genesis* 2, 15 lautet, wo so etwas wie »östlich von Eden«, also eine quasi-geographische Angabe gestanden haben mag. Das Paradies war nicht der Ort der Erschaffung Adams. Er wurde erst ins Paradies *gebracht*. Nachdem die Theorie des Übernatürlichen, also die Unterscheidung von Natur und Übernatur, sich durchgesetzt hatte, legten Theologen Adams Verbringung ins Paradies dahin aus, seine natürliche Ausstattung habe er draußen bekommen; im Paradies habe er die übernatürlichen Gnaden, darunter die Unsterblichkeit und Leidensunfähigkeit, erhalten, die er dann mit der Gnade verlor. Anders Eva. Sie entsteht *im* Paradies. Sie vollendet den Paradiesaufenthalt Adams.

Was war das Paradies, das irdische? Es war nicht der Himmel, es mußte ein geographisch fixierter Ort sein. Einen Strom gebe es da, sagte die *Genesis* (2, 10), der sich in vier Arme teile. Wir dürften das Paradies nicht nur geistlich deuten, non spiritualiter tantum, hatte der späte Augustin gemahnt. Was die Bibel davon erzähle, sei ein Bericht wirklich geschehener Vorgänge wie in den Chroniken der Bibel, nichts bloß Bildliches wie im Hohen Lied: omnino (rerum) gestarum est. Augustin kannte die Neigung seiner Vorgänger (Philo, Origenes, Ambrosius, seiner selbst in der Frühschrift *Contra Manichaeos*) zu allegorischen Deutungen, und er gab für sie eine bemerkenswerte Erklärung: Weil in diesen Kapiteln Ereignisse erzählt werden, die im gewohnten Naturablauf nicht vorkommen, neigten die Erklärer zu bildlichen Auslegungen und behaupteten, die reale Geschichte habe erst mit der Vertreibung aus dem Paradies begonnen – als gebe es nicht auch danach noch Wunder genug.[34] Der späte Augustin faßte das Allegorisieren nicht als besonders tiefe Glaubensweisheit auf, sondern als rationales Verfahren zur Wunderreduzierung. Deswegen bestand er auf dem historischen Charakter der Wundererzählungen, als narratio rerum proprie gestarum. Nur in zweiter Linie ließ er es zu, das Paradies als Seele, als Leben der Seligen und als Kirche zu deuten.[35]

Dies wurde gegen Philo, gegen Origenes und gegen Ansätze beim frühen Augustin im Westen allgemeine Kirchenlehre. Petrus Lombardus hat sie folgendermaßen fixiert: Das Paradies ist *auch* ein Symbol, Sinnbild der Kirche, ist aber vor allem ein geographischer Ort, ein großer Park mit vielen fruchtbaren Bäumen. Es liegt im Osten, durch breite Zwischenstreifen, durch Meer oder Wüste von allen bewohnten Gegenden getrennt. Verborgen, auf der Höhe gelegen. Es reiche bis an den Mondkreis heran, deswegen habe die Sintflut es nicht zerstört.[36] Es existierte noch, unversehrt, das war im 12. Jahrhundert die Botschaft. Einige Autoren erklärten, Kirchengebäude seien nach Osten gerichtet zu bauen, weil dort das Paradies liege. Aber daß es so hoch gelegen war, daß es die Mondsphäre berührte, galt nur bei dem schon damals veralteten Wissensstand, der annahm, die Erde sei eine Scheibe. Als sie eine Kugel wurde, verlegten die Theologen das irdische Paradies. Albert suchte das Paradies, mit Berufung auf Avicenna, jenseits der tropischen Zonen am Äquator. Thomas wandte ein, diese Gegend sei zu heiß. Er verbesserte seinen Lehrer mit Berufung auf Aristoteles und lehrte, die Gegend am Äquator sei wegen der Hitze unbewohnbar, das Paradies müsse dahinter liegen, durch Berge oder Meere von den gewohnten Gegenden so abgetrennt, daß die Geographen von ihm nichts wüßten. Die Cherubim mit dem lodernden Flammenschwert bedeuteten die tropische Hitze.[37] Das war eine systemwidrige, frühe Form der Entmythologisierung. Auf ähnliche Weise lehnte Thomas die Ansicht des Lombarden ab, das Paradies habe an die Mondsphäre herangereicht. Er machte es wie alle, die kein Übermaß an Wundern oder vielleicht gar keine liebten: Er sagte, das sei bildlich gemeint.

Das Paradies des heiligen Thomas mußte gemäßigtes Klima haben, denn der Mensch sollte darin ohne jede Störung geistigen Freuden obliegen. Deshalb durften in seinem Paradies keine Tiere herumlaufen, denn es sollte Ruhe herrschen, damit der Mensch ungestört den intellektuellen Tätigkeiten nachgehen könne. Thomas dachte sich das Paradies wie den Innenhof eines Klosters, ohne Hundegebell oder Hühnergackern. Allerdings konnte Gott die Tiere ins Paradies führen, damit Adam ihnen den Namen gebe; aber auch der Dämon konnte eine Schlange hereinlassen. Aber von sich aus betrat kein Tier das Paradies.[38]

Dante verlegte das irdische Paradies auf eine Insel im Ozean. Odysseus in seiner Erkundungsgier, videndi cupidus, überredet die alten Gefährten zur gefährlichen Ausfahrt und zerschellt am Fuß des Berges.

Dantes Zeitgenosse Duns Scotus äußerte sich skeptisch, er wisse nicht, wo es liege (In 2 Sent. 17, 2, 4). Darin wich Duns von der allgemeinen Universitätslehre ab; er hatte auch Zweifel, ob es im Paradies nicht doch Krankheiten gegeben habe. Die Zuversicht, Träume vom idealen Leben real zu setzen, verminderte sich im späten Mittelalter bei einigen Denkern allmählich. Doch machte die Mehrheit der Theologen jahrhundertelang, bis ins 17. Jahrhundert, weiterhin Angaben über die Lage des irdischen Paradieses. Sie vermuteten es an Euphrat und Tigris. Aber der geographische Horizont der Europäer wuchs, sie fanden das Paradies nicht in der damals zugänglichen Gegend, im heutigen Irak. Neuerungsfreudige Theologen erklärten nun, die Sintflut habe es zerstört. Dem widersprachen konservative Theologen wie Suarez und Bellarmin. Sie suchten die Position der Kirchenväter und der Scholastiker zu halten. Es ist informativ zu sehen, wie man so etwas macht. Gehen wir zu Bellarmin, dem großen Theologen, dem Gegner Galileis. Zunächst drückt er sein Erstaunen aus, daß es die allegorische Deutung überhaupt noch gibt; Juden und Häretiker hätten sie vertreten, aber die Kirchenväter hätten sie längst widerlegt. Unbegreiflicherweise habe man sie in unserem Jahrhundert wieder aufgegriffen; er nennt dafür Franciscus Georgius Venetus. Dies ist also der erste Schritt bei der Bekämpfung von Neuerern: Man erklärt, sie sagten nichts Neues, sie seien längst widerlegt. Dann beweist, wie er sagt, Bellarmin die körperliche Realität des Paradieses: Wenn es Bäume und Menschen in ihm gab, muß es ein realer Raum gewesen sein; schließlich gab es ja sogar Flüsse. Wie hätten Eva und Adam sich hinter Bäumen verstecken können, wenn es keine wirklichen Bäume gegeben hätte? Wenn es kein wirklicher Garten gewesen wäre, hätte Gott sich doch nie die Mühe gemacht, den Zugang durch zwei Engel bewachen zu lassen. Mit Argumenten dieser Art kann man zwar die physische Wirklichkeit jeder Märchenerzählung beweisen, aber Bellarmin fährt fort, einen Korb von Kirchenväterzitaten auf dem Haupt der Gegner zu entleeren. Dritter Kunstgriff: Der Gegner muß so dargestellt werden, als sei er völlig isoliert. Dann widerlegt Bellarmin die Einwände seiner Gegner, darunter diesen: Gott wußte doch, daß Eva und Adam sündigen werden. Ein vernünftiger Weltregierer baut doch keine Parkanlage für so wenige Stunden? Antwort: Der gerechte Gott straft nicht, bevor die Menschen sündigen. Besonders lebhaft polemisiert Bellarmin gegen die Neuerer, die behaupten, es habe das Paradies als Park zwar gegeben, aber es sei unauffindbar. Es finde sich in Mesopotamien nicht mehr; es sei der Sintflut zum Opfer gefallen. Dies war übrigens die Ansicht Luthers. Bellarmin sagt ausdrücklich, an dieser These gefalle ihm schon das nicht, daß sie neu sei. Sie widerspreche sowohl den Kirchenvätern wie den Scholastikern. Die vierte Operation des Apologeten der unhaltbaren Lehre bestand darin, am Hergebrachten festzuhalten, aber den neuen Einwänden entgegenzuhalten, die Sache sei außerordentlich dunkel: Wir haben immer gesagt, das Paradies liege weit ab von der menschlichen Erfahrungswelt, es sei sehr schwer zu finden. Und die Sintflut sollte doch nur die sündigen Partien der Erde zerstören, nicht den Ort göttlichen Glücks.[39] Aber die Verlegenheit wuchs; das Zeitalter der Entdeckungen ließ sich von Bellarmin nicht aufhalten. Doch Theologen wußten neuen Rat: Jetzt erst sagten sie, die Behauptung, daß das irdische Paradies noch existiere, gehöre nicht wesentlich zum christlichen Glauben. Genau das aber hatten seit Augustin so gut wie alle Theologen gelehrt. So stand es im Lehrbuch des Lombarden; so hatte Thomas es eingeschärft.[40] Darin lag eine gewisse Logik. Einer von ihnen hat sie etwa so zusammengefaßt: Wenn das Paradies kein realer Garten war, dann gab es da auch keine realen Bäume. Wenn es keine Bäume gab, wuchs da auch kein Apfel. Wenn da kein Apfel wuchs, konnte Eva ihn nicht pflücken. Wenn Eva ihn nicht gepflückt und Adam nicht gegessen hat, gibt es keine Ursünde. Wenn es keine Ursünde gab, brauchen wir keine Erlösung.

Es gab seit Philo, Origenes, Ambrosius und dem frühen Augustin bis hin zu Sebastian Franck eine nie ganz auszurottende, aber regelmäßig, bis ins 17. Jahrhundert, bekämpfte Außenseitertradition des nur metaphorischen Paradieses. Dann war das Paradies ein innerer oder ein jenseitiger Zustand, kein Garten im Osten. Dann war sein Verlust nicht ganz so groß. Es lag am Einzelnen, durch Tugend oder höhere Einsicht in diesem Leben schon die Oase der Kontemplation in sich selbst zu erreichen. Das relativierte die kirchliche Gesamtorganisation der Erlösung. Dagegen gab es Polemik in allen Konfessionen; Philip C. Almond belegt dies für das England des 17. Jahrhunderts. Nur überschätzt er die Epochengrenzen, wenn er meint, das Paradies sei erst »in the Renaissance« eine geographische Realität geworden.[41]

## 2. Leben im Paradies

Die älteren Schriftsteller bis gegen 1700 wußten viel über das Paradies.[42] Sie wußten, wann es erschaffen worden ist, nämlich am 23. Oktober 4004 vor Christus. So lehrte noch der einflußreiche Erzbischof James Ussher in seinen *Annales Veteris Testamenti* von 1650. Sie kannten die Art des Lebens im Paradies: Es verlief mühelos, harmonisch, mit musischer Gartenarbeit bei ewigem Frühling und großer Fruchtbarkeit des Bodens. Allerdings fragte im 17. Jahrhundert schon einmal einer, ob denn die Erdachse sich vor der Sünde anders gedreht habe und was aus den Pflanzen würde bei ewigem Frühling. Das waren störende Nebentöne, aber noch der Nachfolger Newtons auf dessen Lehrstuhl in Cambridge lehrte, die Erde habe sich vor dem Sündenfall und der Sintflut nur einmal im Jahr um ihre Achse gedreht, und der Choral der Theologen fuhr fort: Es gab da keine Berge, keine Felsen, keine Krankheit und keinen Tod. Dies wurde Kirchenlehre. Das Konzil von Karthago hat, unter Augustins Einfluß, im Jahre 417 erklärt, jeder sei verdammt, der behauptet, Adam sei vor der Sünde sterblich gewesen. Gott hatte das irdische Paradies geschaffen als Zwischenaufenthalt zur Bewährung bis zur Aufnahme in das himmlische Paradies; statt des Todes sollten seine Bewohner eine harmonische Umwandlung erfahren, kein Sterben. Augustin beschrieb die Lebensbedingungen dort: Im Paradies lebte der Mensch, wie er wollte, solange er wollte, was Gott befohlen hatte. Er lebte im Genuß Gottes. Weil Gott gut ist, war er gut. Er lebte ohne jede Not; so hatte er sein Leben in der Hand. Speise gab es, so daß er nicht hungerte; Getränke gab es, so daß er nicht dürstete. Es gab den Baum des Lebens, so daß ihn das Alter nicht auflöste. Es gab keinen Verfall seines Körpers, keine körperlich bedingten Beschwerden. Es gab keine Krankheit, er brauchte keine von außen kommende Verletzung zu fürchten. Keine Hitzeglut oder Kälte suchte das Paradies heim; weder Begierde noch Furcht durchkreuzten den Willen seiner Bewohner. In den Seelen herrschte ein affektloses, stoisches Gleichmaß.[43] Trauer gab es nicht, auch keine grundlose Freude. Es gab nur die wahre Freude in Gott. Die Ehegatten lebten in vertrauter und ehrenhafter Liebe, einträchtig an Leib und Seele. Ohne Anstrengung erfüllten sie das göttliche Gebot. Sie kannten kein Ermatten, keinen ungewollten Schlaf. Was wir »Arbeit« nennen, war Sündenstrafe; so dachte auch Luther, Max Weber und dem protestantischen Arbeitsethos zum Trotz.[44] Müßig allerdings sollte das Leben im Paradies auch nicht sein; jedenfalls, so Luther, sollte es kein Vorbild abgeben für den Müßiggang der Nonnen und Mönche. Löwen und Bären habe Adam mit einem einzigen Wink verscheucht, lehrte Luther. Kinder hätten sie erzeugt, aber ganz ohne wilde Begierde. Nicht das Verlangen habe sie zusammengeführt, sondern nur der besonnene Beschluß. Beim Koitus habe es keine Defloration gegeben. Soweit Augustinus.[45] Thomas faßte das dahin zusammen: Es bestand im Menschen eine perfekte Ordnungshierarchie, eine vollkommene rectitudo. Die obere Funktion der Vernunft war Gott unterworfen, die niedere Vernunfttätigkeit war der oberen untertan, und dieser wiederum gehorchten alle niederen Kräfte. Solange der Mensch Gott untertan blieb, geschah in den niederen Seelenkräften nichts gegen die höhere Vernunft.[46] Es gab Ungleichheit, aber Privateigentum war nicht vorgesehen, wenn die Menschheit nicht gesündigt hätte; in diesem Fall stellten sich Platzprobleme, aber die Theologen bauten vor: Ihr Paradies war groß wie ein Königreich, schrieben sie, keineswegs so klein wie das Paradiesgärtlein im Frankfurter Städel. Aber die ganze Erde durfte das Paradies auch wieder nicht einnehmen, sonst hätten Eva und Adam aus ihm schwerlich verjagt werden können. Die Ungleichheit der Menschen habe sich ergeben, schrieb Thomas, aus dem Unterschied von Mann und Frau, aber auch wegen des Alters und aufgrund des Einflusses der Sterne auf die Geburt, secundum diversum situm stellarum.[47] Die Frau brauchte auch damals eine wohlwollende Oberaufsicht, aber der Mann habe sie sanft ausgeübt. Einer politischen Macht habe es nicht bedurft, schrieb Luther, denn die Hauptaufgabe der Politik

sei es, der Sünde zu wehren.[48] »Die schändliche libido, die es jetzt gibt, hätte es damals nicht gegeben; zwischen den Geschlechtern hätte es nur einfache und reine Liebe gegeben. Die Erzeugung wäre erfolgt ohne Laster, sozusagen als Gehorsamsleistung.«[49] Was ist uns geblieben? Luther resümiert: »Zurückbleibt in unserer Natur das Drängen des Mannes zur Frau, es bleibt die Frucht der Erzeugung, aber zusammen mit der schrecklichen Schmutzigkeit der Begierde und dem unendlichen Schmerz bei der Geburt. Und dazu kommt die Scham, das Gefühl der Schande, das Verwirrtsein, auch zwischen Ehegatten, jedesmal, wenn sie mit Genuß der erlaubten Gewohnheit folgen wollen.«[50] Damit gibt uns Luther mit Berufung auf Eva und Adam einen Einblick in die Entstehungsgeschichte der meisten Deutschen. Beim Essen und Trinken sind sie ohne Scheu. Aber selbst Ehegatten sind, wenn es um Zeugung geht, voller Scham.

Sie waren nackt, sagt die Schrift, aber einem Theologen in Paris klang das noch 1924 zu direkt, er warf rhetorisch einen Mantel über ihre Blöße und verfiel auf die Wendung: sie waren bekleidet nur mit ihrer Unschuld (Vetus seulement de leur innocence).[51] Die Nacktheit im Paradies blieb ein aufreizendes Thema. Kirchenschriftsteller behaupteten immer wieder einmal, Häretikergruppen, sogenannte Adamiten, begingen bei ihren Zusammenkünften sexuelle Orgien – als seien sie im Paradies. Nun war es üblich, Häretikern alles Böse zuzuschreiben; solche Nachrichten über die Wiederherstellung paradiesischer Nacktheit dürften in diese Kategorie gehört haben.

Die Bibel präzisiert nicht die Länge des Aufenthaltes im Paradies. Sie überließ damit den Auslegern ein Projektionsfeld, das eifrig genutzt wurde und viel von den Interessen der verschiedenen historischen Milieus verrät: Jüdische Texte begründeten auf diese Weise rituelle Fristen; manche christlichen Autoren waren interessiert, die Dauer des genußreichen Aufenthaltes möglichst kurz zu halten, als gönnten sie dem ersten Menschenpaar nicht die unbeschwerten Freuden im göttlichen Lustgarten, in paradiso voluptatis. Einflußreiche Texte versicherten, es sei für Sex keine Zeit gewesen; nachdem Eva geformt worden war, habe es nur wenige Stunden gedauert bis zur Katastrophe, bis zum Sündenfall. Auch Dante wußte, wie lange Eva und Adam im Paradies waren: sieben Stunden lang, mehr nicht. Die kurze Frist war erstaunlich, hatten die Theologen doch Adam mit allen Tugenden, mit überragender Einsicht und Gerechtigkeit ausgestattet. Jetzt hörte man, die göttliche Erstausstattung habe nur sieben Stunden lang gehalten. Luther, am Lob des Ehelebens interessiert, war etwas großzügiger; er gestattete Adam eine Nacht mit Eva im Paradies, von Freitag auf Samstag.[52]

Die Genauigkeit solcher Aussagen erstaunt. Sie entstanden aus einem produktiven, durch keine Philologie gehemmten Umgang mit dem damals schon über tausendjährigen Text. Sie füllten die Lücken, die das Alte Testament bot und legten hinein, was in die Erwartungen, die Wunschträume und Weltdeutungen der Zeit paßte. Ein merkwürdiges Konzept von »Wissenschaft« war am Werk: Was »real« war, mußte sich genau bezeichnen lassen. Es mußte dinghaft sein, sich auf eine »Substanz« beziehen und nach Ort und Zeit bestimmbar sein. Das tiefsinnige Meditieren über große Themen wie Leben und Tod, Frau und Mann, Schuld und Sühne endete in einer Art von Bescheidwissen, die manchen Lesern seit dem späten 18. Jahrhundert lächerlich vorkam.

Diese Zweifler überraschte vor allem, wie starr, unbeweglich und zeitlos das Leben im Paradies gedacht war. Menschen sollten wirkliche Leiber haben, Organismen, aber sie sollten ohne den Sündenfall nicht sterben, weil der Tod der Lohn der Sünde war (Paulus, *Römer* 6, 23). Das war immer schwerer zu begreifen, auch wenn die Theologen nach der Aristotelesrezeption die Unterscheidung ersannen, ohne die übernatürliche Zusatzausstattung wären die Menschen sterblich gewesen. Danach wären Eva und Adam nur gewissermaßen, nicht schlechthin unsterblich gewesen. De facto, behaupteten die Theologen, wären sie aber nie gestorben. Sie hätten sterben können, aber sie wären nicht gestorben, sagte Petrus Lombardus.[53] Das ergab feine Distinktionen, denen die Scholastiker sich widmeten. Aber das Endergebnis der Subtilitäten stand fest: Schlechthin war der Mensch im Paradies unsterblich. Die übernatürliche Ausstattung seiner Seele hinderte den Verfall, der jedem aus Gegensätzlichem zusammengesetzten Wesen natürlich ist. Die Seele Evas und Adams war demnach derart zusätzlich gekräftigt, daß sie das Auseinanderfallen von Leib und Seele verhindert habe. Die Zauberwirkung des Lebensbaums konnte Thomas nicht bestreiten, aber er sah in ihr nicht mehr den Hauptgrund der Unsterblichkeit.[54] Als ihre Seele sich selbst überlassen wurde, ihr also die übernatürlichen Zusatzgaben entzogen waren, wurden sie sterblich. Aber ist der Mensch nicht seiner Definition nach ein sterbliches Wesen? Mit Mühe konnte Thomas noch sichern, daß die Definition des Menschen – als sterbliches Vernunftwesen – auf die Paradiesbewohner zutraf. In ihrer bloßen Natur, argumentierte er, war die Sterblichkeit mitgegeben, sie war nur de facto außer Kraft gesetzt. Daher genügten sie noch der Definition des Menschen.[55]

Luther als geplagter Familienvater stellte sich das Paradies als Ort müheloser Aufzucht des Nachwuchses vor. Die Kinder hätten bald, wahrscheinlich sogar sofort, auf Muttermilch verzichtet; wahrscheinlich hätten sie wie die Küken der Hühner sich sofort auf eigene Füße gestellt und sich ihre Nahrung selbst gesucht.[56]

Es gab Diskussionen, ob Adam im Paradies essen mußte und ob er gestorben wäre, wenn er nicht gegessen hätte. In seiner Polemik gegen die allegorische Deutung des Paradieses behauptete Augustin, Eva und Adam hätten essen müssen.[57] Sie hatten also Hunger. Es gab Nahrung genug, außerdem gab es noch den »Baum des Lebens«, der ewiges Leben sicherte. Aber war Hunger kein Mangel, also eine Sündenstrafe? Aßen sie also vom Baum des Lebens nur, weil es ihnen geboten worden war? Aber was war das für ein Zauberbaum, der sterbliche Wesen vor dem Tod bewahrte? Luther erklärte dazu: Gott kann aus Steinen Brot machen, erst recht kann er Äpfel schaffen, die alle Alterungsprozesse aufheben.[58] War es dann nicht besser, die unendliche Überlebenskraft der gestärkten Seele zuzuschreiben? Daß Eva und Adam nicht gealtert wären, war allgemeine Lehre, noch bei Luther. Denn sie aßen, sagten Petrus Lombardus und mit ihm Thomas, wie wir, rein vegetarisch allerdings, und sie genossen die Früchte vom Baum des Lebens. Als gründlicher Denker lehnte Thomas die Ansicht anderer Autoren ab, Eva und Adam hätten im Paradies überhaupt nichts oder so wenig gegessen, daß es zu keiner Ausscheidung gekommen sei, weil sie der Würde des Ortes nicht angemessen gewesen wäre. Thomas macht den Einwand: Wenn sie aßen, gab es im Paradies auch Exkremente. Diese haben immer etwas Schändliches an sich. Aber, erwidert Thomas, Gott habe für dezente Entsorgung gesorgt.[59] Diese Auskunft belegt ein Dilemma, das Thomas noch mit Luther gemeinsam hatte: Das Paradiesesleben sollte vollkommen und zugleich natürlich sein. Aber je natürlicher man es auffaßte, um so mehr Wunder waren nötig – bis hin zur wunderhaften Beseitigung der Ausscheidungen.[60] Thomas wollte das Leben im Paradies so natürlich wie möglich denken. Deswegen verwarf er auch die Ansicht, Eva und Adam hätten im Paradies nicht geschlafen; Schlaf sei nicht unbedingt eine Schwäche, sondern ein Zeichen der Kraft eines beseelten Leibes, der sich dabei erhole.[61]

Umstritten war die Frage, welche sexuelle Gewohnheiten vorgesehen waren. Dabei stießen Wertkonzepte aufeinander: Paßte die Sexualität in den Zustand der Vollkommenheit? Die alttestamentliche Weltauffassung kollidierte dabei mit der monastischen Ethik und mit der Vorstellung vom geschlechtslosen Endzustand der Menschen. Nach *Genesis* 1, 28 hat Gott ihnen befohlen, zu wachsen und sich zu vermehren.[62] Thomas fand, die Vermehrung sei Ausdruck der Vollkommenheit und hätte selbst dann einen Sinn gehabt, wenn sie – wegen der im Paradies gesicherten individuellen Unsterblichkeit – nicht der Erhaltung der Spezies gedient hätte.[63] Augustin berichtet, einige Ausleger hätten gelehrt, der Koitus sei erst als Folge der Sünde aufgekommen. Gregor von Nyssa und Johannes Damascenus lehrten, Geschlechtsverkehr habe im Paradies nicht nur nicht stattgefunden, sondern sei nicht einmal vorgesehen gewesen. Aber dem widersprach Augustin mit einigem Zögern – immer im Interesse seiner anti-allegorischen Deutung des Paradieses. Nur wäre der Koitus im Paradies ohne jeden Makel, ohne jede Gefühlsaufregung abgelaufen; die Paradiesbewohner hätten ihre Geschlechtsorgane mit derselben Kühle in Bewegung versetzt wie ihre Hände.[64] Er hätte ohne die unruhige Glut der Libido stattgefunden, ohne jede Anstrengung und ohne nachfolgende Geburtsschmerzen.[65] Augustins Ideal war vollkommene Körperbeherrschung. Dabei dachte er nicht an Leichtathletik, sondern an den Koitus. Er sollte völlig kontrolliert ablaufen, ohne wildes Begehren. Wenigstens im Paradies sei es so gewesen. Dabei wollte doch auch Augustin das Leben im Paradies als naturgemäß, echt menschlich darstellen. Außerdem wußte er, daß Mitchristen seine Theorien nicht teilten. Er mußte argumentieren, und das tat er folgendermaßen:

Gott in seiner Allmacht konnte den Menschen so einrichten, daß damals, als der Mensch noch gehorsam war, sich in seinem Fleisch nichts regte, was nicht von seinem Willen ausging. Erst seit dem Sündenfall verbindet sich mit der Sexualität das Begehren. Auf den Einwand, das sei kein menschliches Ideal, antwortet Augustin: Die Erfahrung zeigt, daß auch jetzt, außerhalb des Paradieses, Menschen eine hohe Kunst der Körperbeherrschung entwickeln. Sie können Kunststücke vorführen, die wir kaum glauben können. Jetzt wörtlich der Bischof von Hippo: »So können einige Leute ihre Ohren bewegen, entweder nur eins oder beide zugleich. Andere Menschen gibt es, die können, ohne den Kopf zu bewegen, die ganze Kopfhaut, soweit die Haare reichen, zur Stirne vorschieben und wieder zurückziehen, so oft sie wollen. Noch andere Leute verschlingen erst unglaublich viele und verschiedenenartige Dinge, ziehen ein wenig das Zwerchfell zusammen und holen sie wie aus einem Beutel unversehrt wieder hervor, ganz wie sie wollen. Wieder andere ahmen die Stimmen von Vögeln, Haustieren oder irgendwelchen Menschen so täuschend nach, daß man sie nicht unterscheiden kann, wenn man sie nicht dabei sieht. Einige können mit ihrem Hinterteil ohne jeden Gestank beliebig viele Töne so hervorbringen, daß man glaubt, sie singen auch mit diesem Körperteil.«[66] Augustin nennt diese Zirkuskunststücke, um die totale Körperbeherrschung beim Koitus im Paradies als menschengemäß erscheinen zu lassen. Das Blaskonzert, das er erwähnt, soll die völlige Unterordnung der Sexualität unter den Willen plausibel machen. Wenn es jetzt schon eine so weitgehende Unterordnung der Bewegungen und Affekte gibt, leuchtet es dann nicht ein, daß im Paradies, als der Mensch sich frei Gott unterordnete, auch seine Geschlechtsteile völlig dem Willen unterstanden?

Es gab Mitchristen, die einen anderen Begriff von der menschlichen Natur hatten und die weniger advokatenhaft argumentieren. Sie wandten ein, die Geburtsschmerzen ergäben sich aus der weiblichen Anatomie; sie meinten, auch im Paradiesgarten hätten Menschen geschwitzt, was Augustin bestritten hatte, sie behaupteten, die Sterblichkeit liege in der Natur des menschlichen Organismus, sie sei also auch im Paradies unvermeidlich gewesen. Augustin zitiert diese Einwände, um dann ein Beispiel seiner Widerlegung zu geben. Er ruft aus:

»O ihr Elenden, würdet ihr die Glückseligkeit dieses Ortes (des Paradieses, K.F.) mit christlichem Gefühl (affectu) durchdenken, dann würdet ihr nicht einmal glauben, daß die Tiere dort gestorben wären. Ihr würdet nicht annehmen, sie hätten dort wild gewütet, sondern sie wären den Menschen mit wunderbarer Sanftmut untertan gewesen; sie hätten ihre Nahrung nicht durch das Töten anderer Tiere gesucht, sondern hätten, wie die Bibel schreibt, die Nahrungsmittel zu sich genommen, die sie mit den Menschen gemeinsam haben. Und wenn das äußerste Alter ihre Auflösung mit sich gebracht und einzig die menschliche Natur dort das ewige Leben zu eigen besessen hätte, warum sollen wir dann nicht glauben, daß die Tiere vor ihrem Tod aus dem Paradies entfernt worden wären oder daß sie sich in dem Gefühl ihres herannahenden Todes von dort entfernt hätten, damit nur ja kein Lebewesen am Ort des Lebens den Tod erleide?«[67] Sterbende Tiere hätten sich aus dem Paradies taktvoll zurückgezogen, um den Garten des ewigen Lebens nicht mit dem Tod zu konfrontieren.

Ein lohnendes Thema des Theologendisputs waren die Geburtsschmerzen der Frauen. Für Augustin waren sie Sündenstrafen für Adams Ungehorsam; für ihn hätte es sie im Paradies nicht gegeben. Aber ein christlicher Mitbischof wandte ein, sie lägen in der weiblichen Anatomie begründet; sie fänden sich außerdem auch bei Tieren, bei denen es doch keine Sünde gebe. Sie hätten mit der Sünde nichts zu tun. Augustin rief seinem Amtskollegen entgegen: »Haben dir denn die Tiere gesagt, ob ihr Schreien (bei der Geburt, K.F.) Freudentöne oder Schmerzensschreie sind? Wir sehen doch, daß die Hühner beim Eierlegen eher singen als klagen!«[68]

Thomas von Aquino ließ Tiere nicht ins Paradies – außer bei besonderen Anlässen. Was den Geschlechtsverkehr angeht, so fand er: Im jetzigen Zustand der gefallenen Menschheit sei der Koitus mit so heftiger Lust verbunden, daß er die Vernunft absorbiere, im Paradies sei die Lust zwar wegen der größeren Sensibilität noch größer gewesen, habe aber keine Macht über die Vernunft besessen.[69] Der Lombarde bemerkte, Augustin folgend, sie hätten Kinder gezeugt, nicht um der menschlichen Species das Überleben zu sichern wie jetzt, sondern um Genossen der Freude zu haben und die Erde zu bevölkern. Da alle Theologen überzeugt waren, im Paradies sei gar keine Zeit gewesen für Geschlechtsverkehr, hatte die Diskussion Alibicharakter; es ging um das Leben nach der Auferstehung und um dessen Abbildung im paradiesartigen Mönchsleben.

Es ging aber auch um Wertmaßstäbe menschlichen Lebens. Dies zeigt insbesondere die Diskussion über die Kinder, die im Paradies geboren worden wären. Augustin wollte nicht glauben, daß sie so sprachlos und unbeholfen gewesen wären wie unsere Babies. Er fand es unwürdig, daß Menschenkinder hilfloser gewesen seien als heute junge Hunde. Er entschied: Im Paradies wären die Kinder ohne sündhaft Lust erzeugt worden; »diese Kinder im Paradies hätten nicht geweint, und sie wären auch nicht stumm gewesen. Sie hätten ihren Verstand gebrauchen können. Sie hätten nicht krank oder untätig herumgelegen. Sie wären nicht von Krankheiten und nicht von Tieren angegriffen worden. Gifte hätten sie nicht getötet, kein Unfall sie verwundet.«[70]

Den Lehrern des 12. Jahrhunderts entging nicht, daß jedes Wachsen und alle Entwicklung einen gewissen Mangel voraussetzt. Ihnen hätte am meisten eingeleuchtet, wenn die Kinder erwachsen auf die Welt gekommen wären, wenn sie sofort hätten gehen und sprechen können – aber dem widersprach, wie Petrus Lombardus mit Augustinus bemerkte, die Größe des weiblichen Uterus.[71] Die Mängel der Kindheit paßten nicht recht ins Paradies, aber, hatte Augustinus ausgerufen, konnte nicht Gott, der aus einer Rippe eine Frau gebildet hat, schnell aus einem Kleinkind einen Erwachsenen machen?[72] Seit dem 12. Jahrhundert gestatteten die Theologen den Paradieseskindern eine normale Kindheit, eadem lege qua et nunc.[73] Aber sie hatten immer noch Schwierigkeiten: Einige behaupteten, Adam habe nicht geschlafen.[74] Andere hielten es für unmöglich, daß die im Paradies geborenen Kinder einen Fortschritt in der Erkenntnis hätten machen können, dort wandelten sie doch im göttlichen Licht und erfreuten sich der Belehrung durch Engel. Demgegenüber neigte Thomas zu der Ansicht, es bestehe ein Zusammenhang zwischen der Entwicklung des kindlichen Gehirns und der Lernfähigkeit: Das Gehirn der Kinder sei noch voller Feuchtigkeit, das führe zu einem Übermaß an Phantasie, das sich allmählich abbaue, und das sei auch im Paradies so gewesen.[75]

Als der Himmelsreisende Dante den Thron Marias erreicht, sieht er zu ihrer Linken Adam. Die rechte Seite der Himmelskönigin ist für Christen reserviert; immerhin hat der Sünder Adam einen hervorragenden Platz erreicht. Der wißbegierige Himmelsbesucher stellt Adam vier Fragen: Wieviel Zeit seit seiner Erschaffung vergangen ist? Wie lange er im Paradies war? Adam antwortet brav nach Petrus Comestor: Sieben Stunden. Worin die Sünde bestand. Korrekt nach Augustin: Im Ungehorsam. Welche Sprache er gesprochen hat. Sie existiert nicht mehr.[76] Viele Bibelausleger hatten wissen wollen, welche Sprache Eva und Adam gesprochen haben.[77] Sprachen sie Hebräisch, oder war die Sprache, in der Adam den Tieren ihre Namen gegeben hatte, verschollen? Ließ sie sich aus Resten rekonstruieren? Dabei stellten sich tiefsinnige Fragen: Wie war es denkbar, daß ein einzelner Mensch oder auch zwei Individuen eine Sprache erfinden, ohne Eltern, ohne Tradition? Seit Philo galt die Namensgebung der Tiere durch Adam als Ursprung der Sprache; als Mittel der Verständigung mußte die Sprache einen einzigen Urheber haben, einen herrscherlichen Menschen, der in seiner Weisheit die Bedeutungen festsetzen konnte. Philo sprach genau in diesem Zusammenhang von der Königswürde Adams.[78] Antike Kirchenschriftsteller verglichen Adams Macht der Namensgebung mit der Vollmacht eines Sklavenbesitzers, seinen Knechten neue Namen zu geben. Die Benennung war Aneignung. Nahm man dann nicht besser an, Gott habe den ersten Menschen die Sprache beigebracht? Das lange Leben der Ureltern mochte erklären, daß sie Ackerbau und Hauswirtschaft entwickeln konnten, aber ihre Sprache und ihr umfassendes Wissen mußte von Gott stammen. Es kam nur darauf an, das aus der göttlichen Erstbelehrung noch Erhaltene ausfindig zu machen. Aber dabei gab es Schwierigkeiten: Hatte Adam wirklich *allen* Tieren Namen gegeben? Auch den Fischen tief unten im Meer? Und schließlich erzählte die Bibel auch noch von der Sprachverwirrung, die Gott zur Strafe für den Turmbau zu Babel über die Menschen verhängt hatte. Dabei blieb fraglich, wie viel und in welcher Sprache etwas von der Ursprache erhalten geblieben war. Aber über diese Frage hat Arno Borst so gelehrt und so intelligent geschrieben, daß ich mich mit der Nennung seines großen Namens begnügen kann.[79]

## III. SÜNDENFALL

Zuerst war das Verbot. Dazu stand seit Augustin zweierlei fest. Einmal: das Gebot hat Gott an Adam gerichtet, Adam gab es an Eva weiter. Diese Abfolge verlangte, ich darf nicht sagen: der Dienstweg, aber doch die hierarchische Ordnung. Dies hält Augustin ausdrücklich fest, und er zieht sofort eine kirchlich-moralische Folgerung: Die Kirche wahre genau diese Lebensordnung (disciplina), und deswegen sage der Apostel: Wenn Frauen etwas erfahren wollen, dann sollen sie zuhause ihren Mann fragen.[80] Petrus Lombardus sorgte dafür, daß dieser Männerspruch ins theologische Grundbuch eingetragen wurde.[81] Zweitens wurde zur allgemeinen Doktrin: Das Verbot, von diesem Baum zu essen, war ein reines Gehorsamsgebot. Die Erzählung der *Genesis* hatte dieses Motiv nicht enthalten. In ihr ging es darum, daß Gott verhindern wollte, das Privileg der Erkenntnis von Gut und Böse an den Menschen abzutreten. Der Übergriff der ersten Menschen sollte die Mängel des jetzigen Lebens erklären. Bei Augustin finden wir das Interesse verlagert. Er interessiert sich für das Innenleben und bewertet es nach den Kriterien seiner Ordnungsphilosophie und der daran angeschlossenen Gehorsamsmetaphysik: Gott erprobt die Menschen, ob sie ihren Eigenwillen dem Befehl Gottes unterordnen. Das Gebot, inhaltlich in der Obstplantage ohne Bedeutung, sollte nur die Hierarchie klarstellen.[82] Dazu paßt, daß Gott es in keiner Weise erklärt. Er hätte genau so gut jede andere Einzeltat verbieten können; es ging ihm ums Prinzip der Unterordnung. Leibniz hat in seiner *Theodizee* versucht, inhaltliche Gründe für Gottes Verbot nachzuliefern: Die Früchte seien giftig gewesen, Gott habe Eva und Adam vor Schaden bewahren wollen. Das Verbot erschien dadurch weniger willkürlich. Gott müsse sich dabei etwas Menschenfreundliches gedacht haben, meinten aufgeklärte Christen. Aber genau diese Voraussetzung hatte weder die alttestamentliche Erzählung noch der durch Augustin begründete Mainstream der Theologie gemacht. Hingegen stellte die Erzählung klar, daß Eva das Verbot *kennt*, das Adam gegeben worden war. Die Schlange fragt Eva mit einer Wendung, die das Verbot als absurd darstellt: Dürft ihr von *all* diesen Bäumen nicht essen?

Nein, nur von dem *einen* nicht. Eva weiß, es handelt sich um die Ausnahme, um die Wahrung des göttlichen Privilegs auf Erkenntnis. Dieses Detail braucht die Erzählung, um die Strafe plausibler zu machen.

Rätselhaft blieb der Baum der Erkenntnis. Wie kann ein Baum Erkenntnis geben? Es gab Kirchenschriftsteller, die den Früchten dieses Baumes eine ihnen innewohnende geheime Wunderwirkung zuschrieben. Es gebe Pflanzen, die so etwas bewirken könnten, schrieb Nemesius im Buch *Über die Natur des Menschen.* Waren die Früchte giftig, so daß man nach ihrem Genuß wußte, was gut und was schlecht war? Andere widersprachen: Dieser Baum habe seinen Namen wohl nachträglich daher bekommen, weil an ihm den ersten Menschen die Augen aufgegangen seien. Manche Kommentatoren untersuchten, um was für eine Baumart es sich gehandelt habe. Sie vermuteten einen Feigenbaum, weil dessen Blätter nach dem Apfelbiß sofort zur Bedeckung der Scham in der Nähe waren. Ein Kommentator berichtet, es sei die Theorie vertreten worden, es habe sich nicht um die süßen Früchte eines Feigenbaums gehandelt, sondern um süßen Sex. Gott habe nicht sagen wollen: ne edatis, sondern ne coeatis. Dies ist keine moderne Assoziation, sondern war Gegenstand einer mittelalterlichen Diskussion.[83] Natürlich wurde die Sextheorie verworfen. Aber dann fragte sich immer noch: Wenn Eva gar keine Kenntnis von Gut und Böse besaß, als sie nach dem Apfel griff, wieso war sie dann schuldig? Der Text sagte dazu nichts, aber nachdem das Konzept einer bewußten Tat und Verantwortlichkeit in die Welt gekommen war, mußte man ihn verteidigen, also umdeuten: Es habe Eva und Adam an konkreter Erfahrung des Bösen gefehlt, nicht an dem Wissen von dem prinzipiellen Unterschied und daß es böse war, Gott den Gehorsam zu verweigern.

Wir müssen uns einen Augenblick der Schlange zuwenden. Die *Genesis* (3, 1) nennt sie »das listigste aller Tiere des Feldes«. Das genügte, um zu begründen, daß sie sprechen konnte. Der alte Text gibt keinerlei Hinweis auf den Teufel. Es mochte später »vernünftiger« erscheinen, aus der Schlange ein bloßes Werkzeug des Satans zu machen und dieses an die Stelle eines sprechenden Tieres zu setzen. Damit ließ sich leichter erklären, daß die so hervorragend ausgestatteten ersten Menschen gleich beim ersten Anlaß gefallen sind. Ihre Anfälligkeit hätte den Ruhm ihres Erschaffers geschmälert, wären nicht Intelligenz und Neid des Teufels am Werk gewesen.[84] Allerdings: Als bloßes Instrument des Satans hätte die Schlange nicht das klügste aller Tiere zu sein brauchen; sie brauchte nur zu seinen »schlüpfrigen und gewundenen Bewegungen« zu passen. Petrus Lombardus erklärt, warum der Teufel in Gestalt einer Schlange aufgetreten ist: In seiner Teufelsgestalt konnte Satan nicht kommen, sonst wäre er sofort erkannt und zurückgewiesen worden. Der Teufel hatte vor, in Gestalt einer weißen Taube aufzutreten, aber das hat ihm Gott nicht gestattet. Dieses Tier war für den Heiligen Geist reserviert. Außerdem wäre dadurch für Eva das Böse gar zu schwer erkennbar gewesen. Deshalb erlaubte Gott ihm nur, als Schlange zu kommen.[85] Thomas hat diese Regieanweisungen für den großen Auftritt am Baum der Erkenntnis übernommen.[86] Warum wendet sich die Schlange an die Frau? Das theologische Lehrbuch antwortete: Der Teufel wußte, daß die Vernunft in der Frau schwächer war als in Adam. Seine Bosheit legte ihm nahe, die menschliche Natur von der Seite her anzugreifen, wo sie am schwächsten war. Daher sprach er Eva an, als sie allein war.[87] Prediger folgerten: Man kann die Frauen nicht einen Augenblick allein lassen.

Das ist Augustin: Der Teufel erreicht den Mann über die Frau. Sie galt als verführbar, sinnlich, wankelmütig, intellektuell schwächer. Die Frau ist der niedere Teil der Menschheit; der Teufel wußte, daß ihr Mann nicht so leichtgläubig sein würde wie sie. Er war zu intelligent anzunehmen, er werde sein wie Gott. Er wollte nur seine einzige Gefährtin nicht verlieren. Er hat die Strenge Gottes verkannt; er hielt die Übertretung für eine bloße Ordnungswidrigkeit.[88] Seine Sünde bestand darin, daß er Evas Willen dem Willen Gottes vorgezogen hat.[89] Zudem wollte er sich herausreden statt zu bereuen. So gelang es Augustin mit einiger Mühe, die strenge Bestrafung des Ehemanns als gerecht zu erweisen: Er hatte sich in seinem Hochmut selbst gefallen.[90] Luther vergaß, daß er behauptet hatte, Eva sei vor dem Sündenfall völlig gleich gewesen und lehrte mit Augustin, der Teufel habe gewußt, daß er bei Adam keinen Erfolg haben werde, deshalb habe er sich an Eva als an den schwächeren Teil gewendet. Wäre die Versuchung an Adam herangetreten, er hätte widerstanden.[91] Adam, schrieben die Theologenmänner, könne sich im Paradies nicht getäuscht haben, Eva schon, in allegorischen Ausdeutungen war sie

ohnehin die Sinnlichkeit, Adam der Intellekt. Die Verpflichtung zu harten, literalen, faktisch-historischen Auslegungen bestand, aber sie schloß zusätzliche symbo-
lische Deutungen nicht aus. Nur sollten diese sekundären Charakter behalten.
Die Schlange war eine Schlange, nur war schon seit dem ersten Jahrhundert[92] der
Teufel in sie gefahren. Mehrere Ausleger trieben den Realismus besonders weit:
Sie behaupteten, die Schlange habe *vor* ihrer Bestrafung vier Füße besessen; erst
durch den Sündenfall sei sie zum Kriechtier geworden. Luther lehrte, die Schlange
sei vor dem Sündenfall schön und liebenswürdig gewesen, sie sei aufgerichtet gegangen wie ein Hahn.[93] Es gibt bildliche Darstellungen, auf denen die Schlange
zwar nicht hoch zu Roß, aber doch auf einem Kamel geritten kommt; andere Bilder zeigen sie, hochaufgerichtet, auf dem Schwanz stehend und gehend.

Diese Vorstellung, bei Petrus Comestor nachweisbar,
scheint durch Flavius Josephus in die exegetische Tradition eingedrungen zu sein.[94] Die Schlange spricht, wie im
Märchen die Tiere sprechen; die scholastischen Kommentatoren erörtern die Frage, warum Eva sich nicht ge-
wundert hat, als die Schlange sie ansprach. Einige antworteten, die Schlange habe Eva fasziniert, weil sie so
schön war. Petrus Comestor, dem viele folgten, behauptete, die Schlange habe den Kopf einer Jungfrau gehabt,
um Eva für sich einzunehmen.[95] Dies ist eine der vielen
Humanisierungen, die der alttestamentlichen Erzählung
übergestülpt worden sind. Es war nicht mehr plausibel,
daß eine sprechende Schlange eine Frau zu einer schwer-
wiegenden Entscheidung hätte bewegen können. Diese
absurde Konstruktion – eine Schlange mit Frauenkopf –
bringt die Verlegenheit späterer Zeiten anschaulich zum
Ausdruck.

Von großer Bedeutung war die Frage: Worin bestand die
Sünde? Seit Augustin lautete die Antwort: Im Ungehorsam, im Sichauflehnen, in der superbia. Aber nicht nur
darin. Hugo von Sankt Viktor zählte – wahrscheinlich im
Anschluß an Gregor – als Laster unserer Stammeltern auf:
Hochmut, Habenwollen, Gaumenfreude, superbia, avari-
cia, gula.[96] Gaumenfreude, gula, bezieht sich auf den Para-
diesesapfel, Habenwollen, avaritia, auf das unrechtmäßige
Sichaneignen des göttlichen Wissens von Gut und Böse.

83

Die Ursünde war in erster Linie »Stolz«. Augustin gab in *De Trinitate* eine tiefsinnige Erklärung der Ursünde: Sie habe darin bestanden, das partikulare Interesse dem der Allgemeinheit vorzuziehen.[97] Rupert von Deutz hingegen konstruierte den Vorfall so, als habe Eva ihren Mann zum Apfelessen geradezu gezwungen; die Ursünde bestand dann in ihrer Aufsässigkeit sowohl gegen Gott wie gegen Adam.[98] Doch sie gab noch weitere Fragen auf.

Die Antworten changierten ins Sexuelle, in die Lust, die das geistige Wesen zerstört: Der Apfel, die Frau als Ansprechpartnerin des Teufels, die Schlange, die zweifache Hervorhebung der Nacktheit und das Interesse Gottes an Bekleidung, nachher die Vererbung der Sünde durch geschlechtliche Vermehrung, das hatte, auch wenn Theologen es zugunsten der superbia dementierten, einen sexuellen Geruch. Dies ist keine willkürliche moderne Assoziation, schon im ersten Jahrhundert sprach das *Buch der Geheimnisse Enochs* von der sexuellen Verführung Evas durch einen gefallenen Engel. War nicht Kain, der Brudermörder, ein Sohn des Bösen? Gewiß war *Genesis 1–3* in dieser Hinsicht nicht eindeutig, aber der Text ließ sich negativ-sexistisch ausdeuten, und viele haben es getan, darunter Jacob Böhme.

Wer hatte die größere Schuld, Eva oder Adam? Petrus Lombardus faßte offiziell die Augustinistischen Ansichten zusammen: Eva hat die größere Schuld, denn sie wollte aus elatio mentis, aus stolzer Selbstüberhebung, die Gleichheit mit Gott sich unrechtmäßig aneignen; vom Stolz geblendet, glaubte sie, es werde eintreten, was die Schlange versprochen hatte: *Ihr werdet sein wie Gott.* Adam glaubte das nicht, er aß nur um seiner Frau willen, er wollte sie nicht allein lassen. Er biß zu, nolens eam contristare. Er sündigte aus »freundschaftlichem Wohlwollen« für Eva, amicabili quadam benevolentia, wie Augustin schrieb.[99] Adam, ganz Intelligenz, glaubte nicht wie sie, er werde dadurch die Gottgleichheit erreichen. Er hielt den Apfelbiß für falsch, hoffte aber, während er sündigte, auf Vergebung.[100] Thomas schrieb: Adam war zu klug, um das Versprechen der Schlange zu glauben; er aß zweifelnd, hatte also einen geringeren Impuls als die verblendete Eva.[101] Adam aß als guter Ehemann; selbst in seiner Sünde entdeckten Theologenmänner noch Tugenden: überlegene Einsicht, Gottvertrauen und Hoffnung auf Gnade. Diese Aussage widersprach anderen Ansichten, die lehrten, Adams Sünde sei so schwer gewesen, daß sie die menschliche Natur veränderte. Das stand bei Augustinus und Petrus Lombardus.[102] Adam hat, wie Thomas schrieb, die menschliche Natur korrumpiert; als die höhere Intelligenz hätte Adam die Sünde leichter vermeiden können. Insofern hatte Adam die größere Schuld.[103] Aber diesen Gesichtspunkt drängten die Theologen zurück. Es war die Misogynie, die diesen Widerspruch beseitigte: Adam war Vertreter der Menschheit, in seinem Samen war die Menschheit materiell anwesend; Eva zählte nicht. Hätte sie allein gegessen, lehrte schon Anselm von Canterbury, wäre der Menschheit kein Schaden entstanden. Die Sünde wäre nicht in die Keimbahn geraten.

Seit dem 12. Jahrhundert erörterten Theologen die Frage: Was wäre geschehen, hätte nur Eva den Apfel gegessen, Adam aber nicht. Antwort: Dann wäre die Katastrophe nicht eingetreten. Adam ist *der* Mensch. Er repräsentiert die Gattung. Er ist Oberhaupt, Rechtsvertreter, biologischer Ursprung, Stammvater. Thomas lehrte in einem frühen Text: Hätte nur Eva gesündigt, dann hätte Gott Adam eine zweite Frau geschaffen. Bigamie im Paradies? Das ging nicht; Thomas gab die Theorie später auf. Aber daran hielt er fest: Hätte Eva allein gesündigt, gäbe es keine Erbsünde. Sein Beweis dafür war gut aristotelisch, biologisch: Der aktive Part bei der Erzeugung kommt allein dem Mann zu, die Frau stellt nur Stoff zur Verfügung. Deswegen wäre Evas Sünde nicht übertragen worden; die Übertragung geschieht durch den Samen des Mannes.[104]

# IV. VERTREIBUNG

Adam hat gegessen, wenn auch nur, um seine Frau nicht zu betrüben, und die bekannten Folgen traten ein: Als erstes stellten sie fest, daß sie nackt waren. Diese Tatsache hat bei Kommentatoren und Predigern ungeheure rhetorische Energien freigesetzt. Die Lawine der Beredsamkeit traf auf zwei Punkte. Erstens: Jetzt war, wie Augustin sagte, die Sinnlichkeit immer dabei, die Vernunft zu überrunden. Das männliche Glied war der Vermittler der Erbsünde. Wie man darauf zu reagieren hatte, wurde ein wichtiges Thema. Zweitens: Zuerst bedeckten sie ihre Blöße mit Feigenblättern, nach der Vertreibung mit Fellen. Die *Genesis* sagt nichts darüber, wo die Feigenblätter angebracht waren; Theologen und Künstler plazierten sie schon richtig. Nach dem Fall ersetzte Gott die Feigenblätter durch Tierfelle: Die Natur war rauher geworden; Luther lehrte, Sonne und Mond hätten sich verändert, sie hätten sozusagen einen Sack übergezogen;[105] mit dem Vegetarismus war es vorbei. Die Felle gaben willkommenen Anlaß, gegen Kleiderluxus und Verschwendung zu predigen. Wie die Menschen sich gegen Gott aufgelehnt hatten, kämpften jetzt Tiere gegen den Menschen und gegen einander. Alles war im Aufruhr, weil der Mensch ungehorsam gewesen war.

Sie wurden vertrieben aus dem Paradies; sie wurden sterblich; vorher kannten sie, obwohl wirkliche Leiber, den Tod nicht. Der Mann bearbeitet den Acker im Schweiß seines Angesichts. Die Frau wird doppelt bestraft: Auch im Paradies war sie dem Mann untergeordnet, aber das sei eine sanfte Herrschaft gewesen; jetzt wird die Herrschaft hart, despotisch. Es gibt also, wie Augustin nachdrücklich hervorhob, einen doppelten Grund der männlichen Vorherrschaft: die schwächere Natur der Frau, schon im Paradies, und die Strafe für ihre Sünde.[106] Paradoxerweise zieht es sie auch noch zum tyrannischen Mann. Und dann hat sie die Schmerzen der Geburt. Gott der Gerechte hat Eva doppelt bestraft; daraus ließ sich trefflich schließen, daß sie doppelt schuldig war. Die Strafe diente als Beweis des Verbrechens.

Seitdem ist das irdische Leben unrettbar verschieden vom Idealzustand. Dies war ein gefundenes Fressen konservativer Sozialphilosophen bis ins hohe 20. Jahrhundert: Aus der Erde wieder ein Paradies machen zu wollen, durch Naturwissen wieder die Macht Adams über die Natur gewinnen und sie dem Paradies wieder ein wenig ähnlicher machen zu wollen, gilt als hybrid, als neue Auflehnungssünde.

Von Augustin bis Luther findet sich die seltsame Vorstellung, durch den Sündenfall habe der Satan ein Recht auf die Menschheit erworben. Kant hat die Vertreibung anders bewertet: Der Mensch tritt aus dem Zeitabschnitt der Gemächlichkeit und des Friedens in den der Arbeit und der Zwietracht. Das war auch ein Verlust, ein *Fall*. Aber es war die Entlassung aus dem Mutterschoß der Natur. Es war der Schritt aus der Vormundschaft der Natur in den Stand der Freiheit. Der Mensch hat gewonnen; denn die Bestimmung seiner Gattung ist das Fortschreiten zur Vollkommenheit. Es ehrt den Menschen, aus dem Paradies vertrieben worden zu sein. Allerdings ist der neue Zustand gefahrvoll. Der Mensch ist herausgetrieben »aus dem harmlosen und sicheren Zustande der Kindespflege, gleichsam aus einem Garten, der ihn ohne seine Mühe versorgte.« Er ist hinausgestoßen in die Welt, »wo so viel Sorgen, Mühe und unbekannte Übel auf ihn warten«. In der Mühseligkeit des Lebens wird er sich zurücksehnen nach dem Paradies, »dem Geschöpfe seiner Einbildungskraft, wo er in ruhiger Unthätigkeit und beständigem Frieden sein Dasein verträumen oder vertändeln könne.« Aber zwischen ihm und dem eingebildeten Sitz der Wonne lagert sich die Vernunft selbst; sie treibt zur rastlosen Entwicklung der in ihm angelegten Fähigkeiten und erlaubt es ihm nicht, in den »Stand der Rohigkeit und der Einfalt zurückzukehren«. »Sie treibt ihn an, die Mühe, die er haßt, dennoch geduldig über sich zu nehmen, dem Flitterwerk, das er verachtet, nachzulaufen und den Tod selbst, vor dem ihm grauet, über alle jene Kleinigkeiten, deren Verlust er noch mehr scheuet, zu vergessen.«[107]

Kants Artikel von 1786 hat den Sündenfall aufgewertet und enttheologisiert. Jetzt warf Adams Sünde nicht weiter ihren Schatten auf die gesamte Geschichte. Auch frühere Generationen hatten die Eva‑Adam‑Geschichte ständig umgeschrieben. Aber Kant löst sie aus den Rahmenbedingungen der paulinisch‑augustinisch‑reformatorischen Sündentheologie; er macht aus dem Sündenfall einen Fortschritt in der Geschichte der Moralität und der Kultur. Die alttestamentlichen Gestalten beschäftigen immer noch das Denken und die Phantasie, aber Kant gibt ihnen eine neue Funktion. Schiller ist ihm darin gefolgt. In einem Aufsatz von 1790 feiert er den Sündenfall als »die glücklichste und größte Begebenheit der Menschengeschichte«. Hier beginne die Geschichte seiner Freiheit. Er habe sich losgelöst aus dem bloßen Instinktdasein. Damit war er »für das Paradies schon zu edel«. Sein Schritt in die Selbständigkeit eröffnete ihm einen »gefährlichen Weg«, den er noch nicht zu Ende gegangen ist, aber er war nur »vermeintlicher Ungehorsam«. Was bisher als »Ursünde« galt, wertete Schiller als die »erste Äußerung seiner Selbsttätigkeit«, als das »erste Wagestück seiner Vernunft«. Mit dem Sündenfall eröffnete der Mensch sich den Weg heraus aus dem »Paradies der Unwissenheit und Knechtschaft« und begann, sich hinaufzuarbeiten zu einem »Paradies der Erkenntnis und der Freiheit«.[108]

# V. ERBSÜNDE

»Durch einen einzigen Menschen kam die Sünde in die Welt« – Paulus hat Eva vergessen; er braucht die Parallele Adam-Christus, dann stört Eva nur; er fährt fort – »und durch die Sünde der Tod, und auf diese Weise gelangte der Tod zu allen Menschen, weil alle sündigten (*Römer* 5, 12).

Dies ist einer der folgenreichsten Sätze der europäischen Ideengeschichte; wir stehen am Ursprung der Erbsünde. Was sagt er genau?

Erstens: Ohne die Ursünde, für die hier allein Adam verantwortlich gemacht wird, wären die Menschen unsterblich geblieben. Etwas so Absurdes wie der Tod läßt sich nur aus einem moralischen Defizit, aus dem Bruch mit Gott verstehen. Als gehöre die Zeit nicht zu uns, als seien wir kein Organismus. Jedenfalls seit Augustin war dies die Theorie, mit der Luther gebrochen hat: Erst mit dem Sündenfall begann die Zeit. Die Erlösung besteht in der Rettung aus aller Zeit[109]. Zweitens sagt der Satz: Alle haben gesündigt. Was heißt das? Haben auch die Kinder gesündigt? Worin bestand die Sünde aller? Augustinus las den Nebensatz, der in der heutigen Einheitsübersetzung lautet »weil alle sündigten« in der Form: *in quo omnes peccaverunt*. Hätte Augustin den griechischen Text konsultiert, hätte er gesehen, daß *in quo* sich nicht auf Adam bezog. Seine Zeitgenossen machten ihn auf seinen Übersetzungsfehler aufmerksam. Er aber brauchte die Lesart: *IN Adam* haben alle gesündigt, und dadurch kam der Tod in die Welt. Dann kommen die Kinder sündig zur Welt, dann haben wir in unserem Stammvater und Rechtsvertreter Adam alle gesündigt und haben den zeitlichen wie den ewigen Tod, die in körperlichem Feuer brennende Hölle verdient. Gott rettet nur wenige aus diesem verdienten Verderben, nämlich so viele, wie nötig sind, um die durch den Engelsturz freigewordenen Himmelsplätze zu besetzen. Dies ist Augustins Erfindung der Erbsünde. Sie begründet die Kindertaufe und den Zölibat als die eindeutig richtige Lebensform: Durch die geschlechtliche Fortpflanzung geben wir die Ursünde weiter, nicht nur als Schaden und böse Neigung, sondern als wirkliche Schuld. Wir haben in Adam mitgesündigt. Denn, so lehrte Petrus Lombardus, wir waren materialiter in Adams Samen enthalten, materialiter et causaliter. Diese These im maßgebenden Lehrbuch der mittelalterlichen Theologie, besonders in Distinctio 30, 13–15 p. 503–505, formuliert den theologischen Biologismus der Erbsündenlehre, den auch Thomas von Aquino und die Reformatoren beibehielten: Luther warf seinen Gegnern – darunter vor allem

Erasmus – mit Bitterkeit vor, sie machten aus der Erbsünde, die wirkliche *Schuld* sei, eine bloße Strafe.[110] Der Sexismus wurde weiter verstärkt: Die Erbsünde bestand im Laster der bösen Begierlichkeit und wurde übertragen durch die Glut der Leidenschaft beim Zeugungsakt.[111] Die Theologen stritten, ob die Konkupiszenz das Wesen der Erbsünde ausmache oder eine notwendige Folge aus ihr sei. Das Ergebnis blieb allemal: Die Vermittlung der Erbsünde erfolge sexuell. Die neue Seele konnte die Erbsünde nicht mitbringen, denn sie kam direkt von Gott. Unbegreiflich blieb, wie Gott die zuerst noch schuldlose Seele in einen Leib geben konnte, in dem sie unvermeidlich mit Sünde beschmutzt wurde.[112]

Augustins Konstruktion einer durch die geschlechtliche Vermehrung übertragenen wirklichen Sünde, einer Schuld, hat seit ihrer Erfindung ungeheure Diskussionen ausgelöst. Die Theologen insistierten auf Unterscheidungslehren und Finessen. Aber Petrus Lombardus, Thomas von Aquin, Luther, Calvin und die protestantische Orthodoxie behielten die Position Augustins bei: Die körperlich vermittelte Sünde war wirkliche Sündenschuld, sie war die Wurzel aller aktualen Sünden; sie besteht im Fehlen der ursprünglich von Gott verliehenen Gnade und in der Konkupiszenz. Auch die Kinder sind sündig, gehören dem Satan und enden, wenn sie nicht getauft werden, in der Hölle.[113] Luther kritisierte den Sexismus der Erbsündentheologie, nicht weil er ihn abschaffen, sondern weil er ihn an die zweite Stelle rücken wollte zugunsten seiner viel weiter gehenden Erbsündenlehre. Die »Mönche«, schreibt er, dachten beim Paradies immer nur an die Keuschheit. Aber die Erbsünde zeige sich nicht in erster Linie in der sinnlichen Gier, sondern im spirituellen Elend: in der Verdunklung des Verstandes, daß wir Gott und seinen Willen nicht erkennen, und darin, daß unser Wille verdorben ist, so daß wir kein Vertrauen haben auf die Barmherzigkeit Gottes, so daß wir keine Furcht vor Gott mehr haben. Aber auch darin, daß unser Gewissen keine Ruhe findet, wenn es an das strenge Gericht Gottes denkt, daß wir allerhand Absicherungen suchen, die uns scheinhaft beruhigen.[114]

Es ist zu unterscheiden zwischen Erbschaden und Erbschuld. *Vor* Augustin wurden Tod, Mühsal und Geburtsschmerzen durch die Ursünde erklärt, aber niemand behauptete, Adams *Schuld* würde vererbt. Dieser Gedanke fiel auch Augustin schwer, denn ohne Wollen gibt es auch ihm zufolge keine Schuld. Augustin mußte Adams Sünde als *unsere* Sünde konstruieren; er wahrte mühselig das Moment der Freiwilligkeit, indem er erklärte: Wir haben in Adam und mit ihm gewollt. Die Erlösung besteht dann primär in der Tilgung der Erbschuld vor dem erzürnten Gottvater; daher gibt es ohne Taufe kein Heil, weil wir ohne sie kraft Geburt dem Teufelsreich zugehören. Deswegen gehört Teufelsaustreibung zum Taufritual. Mit Luthers Worten: Die Taufe allein ist es, »so uns dem Teufel aus dem Hals reißet«; sie ist die

»Tötung des alten Adams«. Sie fegt heraus, was des alten Adams ist. »Was ist denn der alte Mensch? Das ist er, so uns angeboren ist von Adam; zornig, hässig, neidisch, unkeusch, geizig, faul, hoffärtig, ja ungläubig, mit allen Lastern besetzt, und von Art kein Guts an ihm hat«.[115]

Dies ist immer noch die Lesart Augustins: Der Ungehorsam gegen Gott hat die innere Unordnung im Menschen zur Folge. Die Konkupiszenz lehnt sich jetzt auf gegen den Geist, wie der Mensch sich aufgelehnt hat gegen Gott. Unser Verstand wird verdunkelt, unser Wille geschwächt, die Sexualität wird zur Strafe unbeherrschbar; sie wird zum bevorzugten Feld der Selbsterforschung und der ethischen Formierung bei sich selbst und anderen. Wie oben belegt: Ohne den Sündenfall hätten Männer ihren Anteil an der Erzeugung von Nachwuchs mit derselben stoischen Ruhe verrichtet wie der Bauer den Samen auf dem Acker verstreut, ohne alle irrationale Erregung. Sie wären dabei Herren ihrer selbst geblieben. Das Fortpflanzungsgeschäft wäre besonnen verlaufen. Jetzt aber unterscheidet das höhere Ich sich von dem »Gesetz in seinen Gliedern«. Ich tue, was ich nicht tun will. Die Rangordnungen sind verkehrt. Die Gottebenbildlichkeit des Geistes wurde nicht zerstört, aber in ihrer Herrschaft blockiert oder beschränkt – über den Grad der Schwächung gab es vom 5. bis zum 20. Jahrhundert theoretische Nuancen. Jedenfalls war jetzt der interne Zwiespalt formuliert; unzählige literarische und psychologische Erkundungen waren die Folge. Die Suche nach der persönlichen Identität, das alte philosophische Motiv des »Erkenne dich selbst!« erhielt seit Augustins *Confessiones* eine körperlich-individuelle, eine sexualpsychologische Wende. Aber es entstanden nicht nur quälende Selbsterforschung, Grübelei und Tiefsinn. Volkserzieher rissen das Thema an sich, um strenge Sexualethik und rigorose Kleidervorschriften zu begründen.

Die theoretischen Köpfe hatten andere Fragen zu lösen. Sie mußten erklären, wie die Sünde des ersten Menschen alle anderen Menschen im wirklichen Sinne des Wortes »schuldig« machen kann. Scholastisch erzogen, wie sie waren, *mußten* sie auch das Wesen der Erbsünde definieren. Wie konnten wir sündigen, als wir noch nicht existierten? Wieso sind Kinder schon kraft ihrer geschlechtlichen Erzeugung Sünder, im genauen Sinn dieses Wortes, also nicht nur zur Sünde geneigt oder schwach? Die Hauptauskunft lautete: Wir existierten in der Kraft des Samens Adams. Dies war und blieb bis in die protestantische Orthodoxie die Hauptsäule der Argumentation. Sie band eine religiös-moralische Qualität an die biologische Samenbahn. Sie riskierte daher Einwände, und wurde durch eine mehr korporativ-juristische Argumentation abgestützt: Adam hat als der Repräsentant aller Menschen gesündigt. Auch diese Theorie bot Schwierigkeiten: Wie konnte er uns vertreten, ohne von uns zu wissen? Wie konnte er für uns handeln ohne unser Einverständnis? Dies war nur verständlich innerhalb eines familial-korporativen Denkens, das Thomas von Aquino dahin formulierte: Die vielen Menschen sind von Adam abgeleitet wie die vielen Glieder eines einzigen Körpers. Der »Wille« der Hand ist der Wille der Seele, die den Leib leitet und also auch die Hand bewegt. Wenn die Hand mordet, wird das nicht der Hand zugerechnet, sondern der Seele. So ist die Sünde in uns ein Ergebnis des Wollens, aber nicht des Wollens des Einzelnen, sondern des Wollens Adams, der durch seine Zeugung alle Menschen bewegt – so wie die Seele die einzelnen Glieder des Leibes bewegt. Soweit Thomas.[116] Vom »Personalismus«, dessen Thomas so oft gerühmt wird, ist hier nichts zu sehen. Er behauptet, unsere Sünde sei von uns gewollt, weil Adam sie gewollt hat. Er parallelisiert die Zeugungskraft und den Willensentscheid Adams mit der Seele eines Leibes; er vergleicht den einzelnen Menschen mit der Hand im beseelten Leib. Dann hätte Thomas, der Verteidiger des freien Willens, auch sagen können, der einzelne Mensch habe, da er aus der Zeugungskette Adams stammt, überhaupt keinen eigenen Willen – so wenig wie die Hand eine Eigenbewegung hat. Diese Schuldzuweisung geht noch hinaus über das Konzept der »Kollektivschuld«, denn sie weist Subjekten Schuld zu, die zum Zeitpunkt der Tat alle noch nicht existierten. Sie wahrt die freie Beteiligung an der Adamssünde nur verbal. Zugleich versichert sie noch einmal, es gebe keine Sünde ohne freien Willen. So hatte auch Augustin behauptet, die Erbsünde entspringe unserem freien Entschluß, weil wir sie in Adam frei gewollt hätten, in dessen Samen wir präsent waren. Wie konnten sich große Denker mit dieser bloß scheinbaren Wahrung der menschlichen Freiheit zufrieden geben? Dazu gibt die zitierte Thomasstelle (I–II, 81,1) einen Hinweis: Sie dachten den Menschen primär als Teil einer Gruppe, einer civitas, in die man hineingeboren wird. Die Großgruppen – die Stadt Gottes und die Stadt Satans – liegen im Streit. In dieser Kampfsituation verdient der Grund individueller Zugehörigkeit zu einer dieser Gruppen keine besondere Aufmerksamkeit. Man untersucht ihn mit verminderter gedanklicher Strenge – etwa so, wie man ein sizilianisches Mafiakind fragt, wie es komme, daß es zu einem Clan gehört. Jeder kennt die Macht der familialen Kollektive und ihrer übermächtigen Chefs.

Die Argumentation zugunsten der Vererbung von Schuld trug daher den Keim ihrer Auflösung in sich, sobald bei steigendem Individualitätsbewußtsein ihre bloß verbale Beibehaltung – wie bei Augustin und Thomas – oder ihre offene Bestreitung – wie im Disput Luthers mit Erasmus – als ungenügend angesehen wurde. Wenn ich schuldig werden soll, muß ich schon dabei sein, sagte sich der Kritiker der alten Erbsündentheorie: Die Sünde Adams hat *ihm* geschadet, aber nicht dem Menschengeschlecht. Eine *angeborene* Sünde ist nicht meine Sünde. Und wie kann der gerechte Gott, der mir *meine* Sünden verzeiht, die fremde Sünde anrechnen? Das waren alte Einwände, die schon Augustin sich hatte anhören müssen. Aber um 1700 maßen die großen Gelehrten Pierre Bayle, Richard Simon, Jean Le-Clerc und Philipp Limborch den Abgrund genau aus, der die von Augustin begründeten Erbsündentheorien der Westkirchen von der Bibel trennte, da blieben für ihre mitdenkenden Zeitgenossen nur drei Möglichkeiten: Entweder sie akzeptierten im Glaubensgehorsam die selbstgeschaffene Absurdität als Ausdruck der Unbegreiflichkeit Gottes oder sie gaben sie auf oder sie deuteten sie symbolisch. Auch in dieser Hinsicht bildet Kant einen Meilenstein: Er fand den Gedanken einer ererbten Schuld unerträglich und las die Adamserzählung wieder allegorisch: Weil *wir* es genau so machen, haben wir alle in Adam gesündigt.[117] Sie hat einen vernünftigen Inhalt, stellt ihn nur als zeitlichen Vorgang vor, was der Ursprung der Freiheit nicht ist. Wir sind Adam, aber wenn man diese Einsicht in die fernste Vergangenheit zurückverlegt, dann muß man eine weitere Ungeschicklichkeit begehen: Man muß sich vorstellen, wie seine Sünde auf uns gekommen ist, nämlich auf dem Weg der Vererbung.

Die biologische Übertragung der Erbsünde war ein Ungedanke, aber viel glücklicher waren Argumente über das *Wesen* der Erbsünde auch nicht. Sie wollten angeben, was wir mit der Ursünde alle verloren haben. Sie antworteten: Es war die Gnade, die Weisheit, die Gottesfurcht und Gottesliebe. Sie mußten von dieser Zusatzausstattung annehmen, der Mensch sei mit ihr erschaffen worden, wenn auch vielleicht in zwei verschiedenen Augenblicken. Dann besaß sie der Mensch, wie man ein Ding besitzt oder ein Organ; sie war keine eigene Tätigkeit, sondern ein entwicklungsloses Geschenk, ein »übernatürliches« Sensorium. Aber wie konnte man Weisheit oder Gottesliebe rein als eingegossen denken? Adam war frei, sagte die Kirchenlehre, aber kann man frei sein ohne eigenes Wollen, ohne eigene Tat? Schleiermacher in seiner *Glaubenslehre* (zuerst 1821) und Hegel in seinen *Vorlesungen über Philosophie der Religion* gaben die Erbsündenlehre auf, sofern sie eine Aussage über die ersten Menschen sein wollte. Es sei kein Anlaß, fand Schleiermacher, »Glaubenssätze aufzustellen, deren Gegenstand die ersten Menschen wären«.[118] Das ging gegen die Erbsündenlehre der Kirchen, die feierlich sich festgelegt hatten, die Sünde Adams werde reproduziert nicht, indem wir sündigend Adam nachahmen, sondern durch geschlechtliche Vermehrung (non imitatione, sed propagatione). Und dennoch begann mit Kant, Schleiermacher und Hegel eine neue Art der Auslegung, die »Adam« als den Menschen überhaupt dachte und Eva ebenso zurückdrängte wie die Kirchenlehrer. Es begann eine neue philosophierende Allegorie, sofern man sich nicht fideistisch entschloß, die kirchliche Erbsündenlehre als Signatur der Paradoxie des »ganz Anderen« im Glaubensgehorsam zu übernehmen.

# VI. RETTUNG

Adam konnte nicht ewig verlorengehen. Das zu behaupten, war inkonsequent, wenn seinetwegen die Mehrheit der Menschen verlorenging. Und doch drängten mehrere Gedankenmotive in diese Richtung.

Erstens: Adam war *der* Mensch, das Projekt der Schöpfung stand mit ihm in Frage. Gottes Ehre stand auf dem Spiel. Mit Adam stand und fiel der Plan des Schöpfers. In Adam gipfelte das Schöpfungswerk; zuweilen wurde er mit Nimbus dargestellt, und die sieben Planeten bildeten seinen Nimbus.

Der Vater ist soviel wie die ganze Familie, ja er *ist* die ganze Familie. Dies, zusammen mit der typologischen Konstruktion Adam-Christus, erklärt die Zurückdrängung Evas, der allerdings später Maria als Typus-Entsprechung zugeordnet wurde, bis die Reformatoren ihr auch noch diese Aufwertung versagten. Das war vielleicht nicht archaische Logik, es war familiale Logik, es war die römische Vorstellung vom pater familias, die in Europa erst im 20. Jahrhundert verlorenging. Wir sind Teile von ihm, sagte diese Logik. Wenn Sünde nur dann Sünde ist, wenn sie gewollt ist, dann haben wir eben in Adam und mit Adam gewollt. Die individuelle Willensfreiheit geht, nach neueren Begriffen, in diesem korporativen Denken zugrunde.

Zweitens: Adam war so vollkommen konstruiert, daß die Sünde nicht zu seinem Wesen paßte. Sie war, sozusagen, nicht seine Wahrheit. Der Anfang muß vollkommen sein. Er war weise. Er kannte alle Dinge und gab ihnen ihren Namen. Er konnte nicht getäuscht werden und sich nicht täuschen; er war im Besitz aller wichtigen Wissenschaften; er war in der Magie bewandert; er war Schriftsteller; erst in der Sintflut gingen seine Werke verloren (Cusanus). Er hatte alle Tugenden.[119] Aber mehr noch als seine individuellen Vollkommenheiten sicherten ihm seine biologische und seine repräsentative Funktion das ewige Heil. Es galt die alte Familienlogik; Anselm von Canterbury erklärte, es sei unvorstellbar, daß die Eltern aller Menschen ausgeschlossen blieben aus dem ewigen Jerusalem.[120]

Drittens: Schon die späten Schriften des Alten Testaments erzählen, Adam sei kein Rebell geblieben, er habe seinen Fehler bereut, *Sapientia* 10, 1–2. Augustin und Petrus Lombardus fixierten die Reue der Stammeltern und die göttliche Vergebung.[121] Luther nahm das auf; die Stammeltern konnten Hoffnung auf Erlösung schöpfen, als sie hörten, daß Gott sie nicht so verdammte wie die Schlange, also

den Teufel.[122] Reue und Buße minderten ihre Bosheit. Einige Maler stellten Adam dar, wie er vor dem Apfelbiß gen Himmel zeigt und an das Verbot erinnert. Als die höhere moralische Instanz mahnt er. Auf anderen Bildern macht er Eva nach dem Apfelbiß Vorwürfe, als habe er nicht selbst gegessen. Gelegentlich nimmt er seine eheliche Herrschaftspflicht noch gewissenhafter: Er verprügelt nach der Vertreibung seine Frau. Das wäre im 13. Jahrhundert kaum noch darstellbar gewesen; aber im 12. Jahrhundert tritt der Eheherr in höherer Mission plastisch auf: Der Sünder als Rächer der Sünde, als Straforgan der Vorsehung ( siehe oben S. 13f.).

Viertens: Paulus stellte Christus als den zweiten Adam dar. Der zweite Vertreter der Menschheit läßt den ersten Vertreter der Gesamtmenschheit nicht in der Hölle. Schon frühe christliche Quellen (Nikodemusevangelium) erzählen vom Abstieg Jesu in die Hölle nach der Kreuzigung, – descendit ad inferos, sagt das lateinische Glaubensbekenntnis seit dem 8. Jahrhundert –, er wendet sich zuerst Adam zu und holt ihn heraus. Eva immer mit. Sie war kein Samenträger und kein eigenes Rechtssubjekt.

Ein Kapitell des 12. Jahrhunderts aus Autun zeigt Christus in der Hölle. Hinter ihm steht groß der Erzengel Michael, der Seelengeleiter. Satan liegt gefesselt zur

Seite, Jesus ergreift Adams Handgelenk. Wir kennen diesen Gestus: So hat Gottvater Adam ins Paradies geführt.

Die Kirchenväter, nicht allein Augustin, erklärten es für Häresie, zu behaupten,
Adam und mit ihm Eva seien für immer verdammt worden. Sie wurden also Heilige; ihr Ehrentag fiel auf den 24. Dezember. Sie avancierten schließlich zu Schutz-
patronen, zwar nicht, wie man erwartet haben könnte, der Obstbauern, wohl aber
der Schneiderzunft. Schließlich waren sie die ersten Menschen, die Kleider getra-
gen haben. Und ihre Kleider hatte Gottvater selbst genäht.

Adam ist im Alter von 930 Jahren gestorben. Über seinen Begräbnisplatz gab es
im wesentlichen drei Theorien: Am Rand des irdischen Paradieses oder in Hebron
oder auf dem Kalvarienberg. Dort floß das Blut Christi über seinen Schädel, sagten
Theologen und malten Künstler. Sie gaben die entschiedene christliche Antwort:
Der alte Sünder war erlöst. Die Künstler zeigten Anfang und Höhepunkt der Welt-
geschichte verknüpft: Adams Schädel, vom Blut Christi am Kreuz benetzt, erhebt
sich zum Gekreuzigten.

# RÜCKBLICK

Der Bilderkreis um Eva und Adam, Jahve und die Schlange läßt sich von den verschiedensten Seiten her betrachten. Ich möchte hier den Punkt bezeichnen, um den es mir in den vorausgehenden Seiten gegangen ist. Es war an Texten und Bildern zu zeigen: Die intellektuelle und künstlerische Arbeit an den uralten Erzählungen wurde ein Element der europäischen Identität. Deren historische Erforschung kann gewinnen, wenn wir nicht nur abstrakte Bestimmungen wie Freiheit, Sein oder Intellekt mit genetischem Sinn erforschen, sondern auch Bilder, Mythen und Illusionen in die Geschichte des Denkens einbeziehen. Ich wollte an einigen ausgewählten Stationen den Prozeß der Assimilation beschreiben, der von der anschaulichen Erzählung zu Doktrinen und wiederum zur Auflösung der Doktrinen geführt hat. Der altorientalische Erzählkern ließ sich dies alles gefallen – die Dienstbarkeit im jüdischen und christlichen Priesterinteresse, die divergenten Intentionen von Mönchen und Reformatoren, die philosophierende Spekulation, die künstlerische Ausgestaltung – und blieb dadurch ein europäisches Dauerthema. Europa klammerte sich an das alte Thema von Eva und Adam, legte es sich nach seinen wechselnden historischen Bedingungen zurecht und suchte manchmal nur Deckung unter seinem Namen. Dann blieb nichts als die alten Hülsen; bei der nächsten kulturellen Wendung wurden sie durch neue Inanspruchnahmen ersetzt. Die Bilder blieben frisch, weil sie ständig verzehrt wurden. Es war ein Prozeß der Erhaltung durch Verschleiß. Er begann mit einer massiv-sinnlichen Erzählung – *Genesis* 2, 4 b – 3, 24 –, wälzte sich durch eine ungeheure Kommentarmasse und erreichte sein Endstadium mit Herders Wiederentdeckung der schlichten Anschaulichkeit und Kants geschichtsphilosophischer Freisetzung des Themas: Am Ende standen die Abstreifung des dogmatischen Rahmens durch Schleiermacher und Hegel und die Historisierung durch philologisch-kritische Exegese. Was blieb, waren generelle Spekulationen über Befindlichkeiten »des« Menschen und daneben die Herauslösung isolierter Bildgehalte.

Die alten Bilder blieben lebendig kraft ständiger Umdeutung. Diese Arbeit macht einen erheblichen Teil der intellektuellen und künstlerischen Produktion Europas aus und verdient daher ein Interesse, das hinausgeht über die Besitzansprüche der Religionsgemeinschaften und ihrer internen Interpreten, die sich als Meister und Besitzer der Überlieferung ansehen. Diesen europäischen Prozeß der umdeutenden Assimilation habe ich an Beispielen belegt; jetzt möchte ich ihn in Kürze generell charakterisieren:

*Der Westen hat den altorientalischen Stoff gräzisiert und systematisiert; er hat ihn interiorisiert und gleichzeitig positiviert; er hat ihn allegorisiert und gegen das Allegorisieren angekämpft. Gesiegt hat die Allegorie.*

Das war ein komplizierter, zum Teil widersprüchlicher Vorgang von langer Dauer; ich muß ihn etwas genauer beschreiben:

*Gräzisierung:* Ich vermeide das Wort »Hellenisierung«, das Adolf von Harnack seinerzeit mit Bedacht und Geschmack gewählt hatte, das aber heute durch theologische und antitheologische Debatten stark belastet ist. Der Vorgang war folgenreich und ist exakt zu belegen, zunächst am Werk von Philo, Origenes, Ambrosius und des frühen Augustin: Wie Werner Jäger in seinem Buch über die *Theologie der frühen griechischen Denker* gezeigt hat, haben die vorsokratischen Philosophen Kriterien dafür aufgestellt, was sich für einen Gott schickt und was nicht. Homer erzählt Dinge von den Göttern, von denen die Heroen der griechischen Spekulation fanden, daß sie nicht zu einer Gottheit passen. Das Motiv gehörte in die Homerkritik, ließ sich aber übertragen: Es schickte sich nicht, daß ein Gott im Garten spazieren ging, daß er töpferte und Felle zurechtschnitt. Es war mit dem Begriff des »wahren«, des den Kriterien entsprechenden Gottes unvereinbar, daß er eifersüchtig auf sein Privileg der Erkenntnis von Gut und Böse pochte. Die griechische Philosophie hatte seit Anaxagoras, Platon und Aristoteles Begriffe von Seele und Geist entwickelt, die es als unwürdig erscheinen ließen, daß Gott den Seelenodem in die Nase blies. Sie hatte einen Begriff von Natur geschaffen, der ein Märchenmotiv wie das einer sprechenden Schlange in den Bereich des schönen Scheins verwies. Die Gräzisierung des alttestamentlichen Erzählthemas bestand darin, daß das Gewitter der griechischen Mythoskritik über die alttestamentlichen Geschichten hereinbrach. Was mit dem Konzept des »wahren«, des philosophisch-erhabenen Gottes unvereinbar war, das mußte bildlich oder allegorisch gedeutet werden. Von da an zeigte der gute Ausleger, daß etwas anderes (allo) gemeint war, als was im Text stand. Berichtete Moses, daß Gott den Erdenstoff in die Hände nahm und daraus den Leib Adams formte, dann erklärte der Kommentator, das sei »bildlich« gemeint und wolle sagen, Gott habe sich mit besonderer Intensität dieser Arbeit gewidmet. Durch die Schriften Philos und des Origenes lernte der lateinische Westen die alten Urgeschichten schon in »gereinigter«, in allegorisierender Auslegung lesen. Dies war die entscheidende Weichenstellung, die nie ganz rückgängig zu machen war, obwohl es seit der Verurteilung des Origenes und besonders seit dem späten Augustin bis zu den Dekreten der päpstlichen Bibelkommission von 1909 eine furibunde Bekämpfung der »bildlichen« Deutung der

Urgeschichte gab. Selbst wer die Bildung Evas aus der Rippe buchstäblich, als »historischen« Vorgang deutete, nahm zur Allegorie seine Zuflucht, wenn es um Gottes Spaziergang im Garten ging. Vor allem: Das allegorisierende Umdeuten gab ein Verfahren an die Hand, das es erlaubte, je nach kultureller Situation, bestimmte Stücke des Überlieferungsvorrats aus der Schußlinie zu nehmen. Das Zufällige und Subjektive solcher Auslegungen störte diejenigen, die ein verläßliches Wahrheitsfundament brauchten und es in Großgruppen organisierten. Daher die ständige Polemik gegen bildliche Deutungen im römischen Westen; doch setzten diese voraus, daß die Allegorie in den wesentlichen Punkten längst installiert war: Gott war Geist, und was »Geist« hieß, lernte man bei Platon und Aristoteles, später bei Plotin; der »Lebensodem« in Adams Nase war zur »Seele« geworden, und was »Seele« hieß, erfuhr man bei Platon und Aristoteles, später auch bei Plotin, bei Avicenna und Averroes. An dieser Umdeutung wurde nicht mehr gerüttelt. Gott ist »Geist«, das las man dann auch bei Johannes. Das kontingente griechische Lehrstück war autoritativ etabliert und bestimmte auf dem Weg über die Deutung der Gottebenbildlichkeit auch die Anthropologie. Die geschichtliche Differenz zu *Genesis* 2, 4–3 war dann kaum noch wahrnehmbar, sie wurde in intensiver Kommentararbeit zunehmend beseitigt.

*Systematisierung*: Um die Eva-Adam-Geschichten im lateinischen Westen frisch zu halten, war mehr noch nötig als ihre Gräzisierung. Juden mußten sie koordinieren mit den jüngeren Schichten der Hebräischen Bibel, Christen mit dem Neuen Testament. So kam der Teufel in die Schlange, so kam die allgemeine Sterblichkeit als Sündenfolge in die Erzählung von Adam. Auch dieser Kombinationsprozeß war kompliziert und langdauernd: Adams Rippe wurde assoziiert mit der Seitenwunde Jesu; die Feindschaft zwischen Mensch und Schlange aus Genesis 3, 15 galt als Ankündigung der Erlösung, und was »Erlösung« hieß, das erfuhr man aus Paulus oder Augustinus, je nachdem auch aus späteren Autoren. In die Vorstellung vom »Paradies« flossen eschatologische Erwartungen ein, aber auch die monastische Ethik. Die Systematisierung legte einen zusätzlichen Film über die altorientalischen Vorstellungen; diese wurden in ihrer geschichtlichen Besonderheit, in ihrer befremdlichen Urtümlichkeit fast unkenntlich. Gräzisierung und Systematisierung beseitigten das Archaische. Die Systematisierung beschränkte sich nicht auf die inhaltliche Angleichung späterer Offenbarungstexte an die frühesten, sie schuf Regeln der Kategorisierung; sie plazierte einzelne Bilder in spätere Kategorien z.B. der »Erlösung« oder der »Seele«. Auch kirchenrechtliche Kategorien wurden zurückdatiert, z.B. das späte Konzept der »Ehe«; die Adam-Eva-Erzählung galt als deren Gründungsdokument.

*Interiorisierung*: Die Systematisierung war ein weitausholender Vorgang. Es erscheinen auch heute noch Bücher, in denen mit der Begründung, Gottes Wahrheit sei ewig, die Bibel bilde eine Einheit und die unfehlbare Kirche besitze einen Kanon, das Ineinanderschieben verschiedener geschichtlicher Welten fortgesetzt wird. Dabei wurden unendlicher Scharfsinn und erhebliche Kombinationskunst entwickelt, selten philologischer Feinsinn. Der Westen brauchte diese Kraftanstrengung, sonst hätte er sie nicht unternommen; sie entsprach dem herrschenden Wahrheitsbegriff als ewiger Wahrheit; sie schloß den später Lehrenden mit der gesamten Tradition harmonisch zusammen. Sie verdeckte allerdings, daß die »Tradition« ein Produkt der späten Konstruktion war und wechselnden gegenwärtigen Interessen diente. Die intellektuelle und künstlerische Arbeit am Eva-Adam-Stoff diente der Vergegenwärtigung. Vor allem Augustins Erbsündentheorie zog sie in die jeweilige Gegenwart hinüber: Sie machte aus jedem Menschen *heute* einen Sohn des Zornes, weil Adam gesündigt hatte. Er mußte sich in diesem Verdikt wiedererkennen und sich entsprechend verhalten. Dies ergab eine anstrengende Präsenzialisierung historisch entlegener Motive. Dadurch bekam die darstellende Kunst ihren Auftrag: Sie zeigte den Sündenfall und Jesu Leiden, das uns von einem Teil der Sündenfolgen erlöst habe, heute. Evas Apfelbiß, Jesu Kreuzestod und meist auch seine Wiederkehr als Weltenrichter waren damit in die Gegenwart versetzt; sie betrafen jetzt jeden Betrachter. Dies setzte eine intellektuelle Operation voraus, die ich Interiorisierung nenne. Selbst Autoren, die wie der späte Augustin heftig gegen die Allegorisierung anrannten, betrieben diese Verlegung der Paradiesesgeschichte auf die innere Bühne der Seele. Sie sagten, es handle sich da um geschichtliche Vorgänge, aber legten alles darauf an zu beweisen, in unserer Seele spiele sich genau dieses Drama ab. *In uns*, sagten sie, gebe es die Schlange, die böse Sinnlichkeit, aber auch die Frau, die niedere Vernunft, und den Mann, die obere Vernunft und Leitungskraft. Besonders frauenfeindliche Autoren setzten in diesem Innenspiel die Frau an die Stelle der Schlange. Augustin widersprach: Eva repräsentiere die niedere, nach außen gewandte Verständigkeit. Diese Verinnerlichung der Paradieseserzählung machte Schule; Petrus Lombardus und Thomas von Aquino setzten sie fort.[123] Das Sündendrama spielte sich demzufolge in jedem von uns ab; jeder Sünder vollzog die normative Abfolge der Versuchung von der Schlange über die Frau zum Mann; die biblische Geschichte klärte ihn auf, was in ihm vorging. Diese Verlagerung der Evageschichte auf die gegenwärtige Innenbühne bedeutete deren Auflösung. Genauer: Sie enthielt den Keim der Auflösung ihres historischen Anspruchs. Wir brauchten sie gar nicht mehr, wenn wir nur in uns selbst hineinsähen. Dies setzte die autoritativen Texte frei – sowohl für die nun wirklich literale Erklärung durch Philologie wie für jede wechselnde, eingestandenermaßen subjektiv konzipierte religionsphilosophische Spekulation. Dann konnte man mit Herder beginnen, die sinnliche Prägnanz des Originals unter den zahllosen gräzisierenden und systematisierenden Übermalungen freizulegen.

*Positivierung*: Der Tendenz zur Allegorisierung und Interiorisierung stand spätestens seit dem späten Augustin das Beharren auf der positiven Gegebenheit des Erzählten gegenüber. Adams Rippe war das erbittert umkämpfte Beweisstück; auch die geographische Wirklichkeit des Paradieses und das Sprechen der Schlange hatten ihren fixen Platz in orthodoxen Dogmatiken. Interiorisierung und Positivierung, die jahrhundertelang koexistiert hatten, traten immer weiter auseinander. Die europäische Konzeption von »Vernunft« verlangte die Allegorie und die Innenschau; der römische Organisationssinn und der Realismus des »Verstandes« – nicht etwa erst seit der »Renaissance« – forderten, die Stammeltern müßten in der geschichtlichen Außenwelt gegeben (gewesen) sein. Diese Positivierung geriet unvermeidlich in den Konflikt mit der neueren Biologie und Urgeschichtsforschung. Heute widersprechen trotzige Fundamentalisten der Mehrzahl von Theologen, die ihren Gläubigen versichern, sie brauchten sich nicht aufzuregen, es sei alles »bildlich« gemeint. Abseits dieses seit den Kampagnen gegen Origenes, gegen Cajetan und Franciscus Georgius Venetus konventionellen Kontrastes zwischen Allegorisierung und Positivierung stehen einzelne Künster, die, wie Max Beckmann, ohne auf Positivität zu pochen, das *für uns* Objektive gestalten, indem sie ihr Subjektives nicht verbergen.

# ANMERKUNGEN

Übersetzung des Mottos: Dem Verstand scheint es sehr lächerlich.

## Anmerkungen zum ersten Teil

1 Philip C. Almond, *Adam and Eve in Seventeenth Century Thought*, Cambridge 1999; lesenswert auch von dems., *Heaven and Hell in Enlightenment England*, Cambridge 1994.

2 Ps. Augustinus, *De assumptione*, Sermo 208, 4 PL 39, 2131. Die Abkürzung PL bezieht sich hier und im folgenden auf Jean-Paul Migne, *Patrologia latina*, Paris 1844ff., CSEL verweist auf das *Corpus scriptorum ecclesiasticorum Latinorum*, Wien 1866ff., WA auf die Weimarer Lutherausgabe, Weimar 1883ff., CC auf *Corpus Christianorum*, Series Latina. Turnhout 1953 ff.

3 Mein Text beansprucht nicht, ein Forschungsbeitrag zur Auslegung der Hebräischen Bibel zu sein; er bezieht sich auf die Interpretation der Genesis in der westlichen Zivilisation. Für die ältere Auslegungsgeschichte sind unentbehrlich: Frank E. Robbins, *The Hexaemeral Literature*, Chicago 1912; Norman Powell Williams, *The Idea of the Fall and Original Sin*, London 1927; Joseph Turmel, *Histoire des dogmes*, 6 Bände, Paris 1931ff.; Julius Groß, *Geschichte des Erbsündendogmas*, Band 1 – 4, München 1960-1972; Robert Graves/Raphael Patai, *Hebrew Myths. The Book of Genesis*, London 1963; Beryl Smalley, *The Study of the Bible in the Middle Ages*, 3. Auflage, Notre Dame 1978; Henning von Reventlow (Hg.), *Epochen der Bibelauslegung*, besonders Band 1-2, München 1990-1994; für das 12. Jahrhundert: Marie-Thérèse D'Alverny, *Comment les Théologiens et les Philosophes voient la femme*, in: Cahiers de la Civilisation médiévale, Xe – XIIe siècle, 20 (1977) S. 105-129; Georges Duby, *Eva und die Prediger*, Frankfurt/M. 1998; für das 17. Jahrhundert: Philip C. Almond, *Adam and Eve in Seventeenth-Century Thought*, (wie Anm. 1).
Vgl. auch August Wünsche, *Schöpfung und Sündenfall des ersten Menschenpaares im jüdischen und moslemischen Sagenkreise*, Leipzig 1906; J. M. Evans, *Paradise Lost and the Genesis Tradition*, Oxford 1968; John A. Phillips, *Eve. The History of an Idea*, San Francisco 1984, deutsch: Stuttgart 1987; Elisabeth Gössmann (Hg.), *Eva, Gottes Meisterwerk*, München 1985; Jeremy Cohen, ›*Be Fertile and Increase, Fill the Earth and Master It!*‹ *The Ancient and Medieval Career of a Biblical text*, Ithaca – London 1989; Elaine Pagels, *Adam, Eva und die Schlange. Die Theologie der Sünde*, Hamburg 1991; Monika Leisch-Kiesl, *Eva als andere. Eine exemplarische Untersuchung zu Frühchristentum und Mittelalter*, Köln 1992.
Zur Kunstgeschichte vgl. Arnold Breymann, *Adam und Eva in der Kunst des christlichen Alterthums*, Diss. Göttingen, Wolfenbüttel 1893; Leonie Reygers, *Adam – Eva* und Oswald Erich, *Adam – Christus*, in: Otto Schmitt (Hg.), Reallexikon zur deutschen Kunstgeschichte Band 1, München 1936, Sp. 126-167, vgl. dort auch Friedrich Kobler, *Eva – Maria*, in: ebd. Band 6 (München 1973), Sp. 417-438; Sigrid Esche, *Adam und Eva. Sündenfall und Erlösung*, Düsseldorf 1957; H. Schade, *Adam und Eva*, in: Engelbert Kirschbaum (Hg.), Lexikon der christ-

lichen Ikonologie, Band 1, Freiburg 1968, Sp. 41; Helga Kaiser-Minn, *Die Erschaffung des Menschen auf spätantiken Monumenten*, München 1981; Henry Kraus, *Eve and Mary: Conflicting Images of Medieval Woman*, in: Norma Broude/Mary D. Carrard (Hg.), *Feminism and Art History. Questioning the Litany*, New York 1982, S. 79–100; Urs Winter, *Frau und Göttin. Exegetische und ikonographische Studien zum weiblichen Gottesbild im Alten Israel und in dessen Umwelt*, Fribourg 1983; Nikolaus Himmelmann, *Ideale Nacktheit*, Opladen 1985; Evangelia Kelperi, *Die nackte Frau in der Kunst. Von der Antike bis zur Renaissance*, München 2000. Besonders hervorgehoben sei: Hans Martin von Erffa, *Ikonologie der Genesis. Die christlichen Bildthemen aus dem Alten Testament und ihre Quellen*, Band 1, München 1989.

4 Die ersten drei Kapitel der Genesis sind oft kommentiert worden. Neuere wichtige Interpretationen sind: Johannes Wellhausen, *Prolegomena zur Geschichte Israels*, 6. Auflage, Berlin 1905; Hermann Gunkel, *Genesis*, 5. Auflage, Göttingen 1922; Claus Westermann, *Genesis. Biblischer Kommentar Altes Testament*, Neukirchen – Vluyn 1966–1977; Gerhard von Rad, *Das erste Buch Mose. Genesis*, 10. Auflage, Göttingen 1976; Umberto Cassuto, *A Commentary on the Book of Genesis*, Jerusalem 1978; Ellen van Wolde, *A Semiotic Analysis of Genesis 2–3*, Nijmwegen 1989; Jan P. Fokkelman, *Narrative Art in Genesis*, 2. Auflage, Sheffield 1991; Dirk U. Rottzoll, *Rabbinischer Kommentar zum Buch Genesis*, Berlin 1994; Horst Sebass, *Genesis 1. Urgeschichte*, Neukirchen 1996; Jan Alberto Soggin, *Das Buch Genesis*, Darmstadt 1997; Markus Witte, *Die biblische Urgeschichte*, Berlin 1998; Bruce K. Waltke, *Genesis. A Commentary*, Zondesvan, Mich. 2001; David W. Cotter, *Genesis*, Collegeville, Minn. 2003. Anregend ist Jack Miles, *Gott. Eine Biographie*, aus dem Amerikanischen von Martin Pfeiffer, München 1995.

5 Johann Gottfried Herder, *Schriften zum Alten Testament*, hg. von Rudolf Smend. Herders Werke, Band 5, Bibliothek deutscher Klassiker 93, Frankfurt 1993. Herders Schrift *Älteste Urkunde des Menschengeschlechts* von 1774/1776 in Auseinandersetzung mit der Religionskritik von David Hume untersucht ausgezeichnet Christoph Bultmann, *Die biblische Urgeschichte in der Aufklärung. Johann Gottfried Herders Interpretation der Genesis als Antwort auf die Religionskritik David Humes*, Tübingen 1999.

6 Übersetzungen von Hermann Gunkel, *Genesis*, 5. Auflage, Göttingen 1922, S. 110–114.

7 Ernst Benz, *Adam. Der Mythos vom Urmenschen*, München 1955; Philipp C. Almond, *Adam and Eve in Seventeenth Century Thought*, S. 7.

8 *De Genesi ad litteram* 3, 22, ed. I. Zycha, CSEL 28, Wien 1894, S. 88–90.

9 Nachweise bei Maaike van der Lugt, *Pourquoi Dieu a-t-il créé la femme? Différence sexuelle et théologie médiévale*, in: Jean-Claude Schmitt, Ève et Pandora. La création de la femme, Paris 2001, S. 89–113, besonders S. 95–101.

10 Nikolaus von Lyra, *Postilla super totam Bibliam* I. Zu 1 Moses 1, 27. Ich zitiere nach dem von mir besorgten Nachdruck der Ausgabe Straßburg 1492, Frankfurt 1971, fol. C III ra.

11 H. Schade, *Adam und Eva*, in: Engelbert Kirschbaum (Hg.), Lexikon der christlichen Ikonologie, Band 1, (wie Anm. 3), Sp.52.

12 Gershom Scholem, *Lilith*, in: Encyclopedia Judaica, Band 11 (Jerusalem 1972), Sp. 245–249. Über westliche Theologen, die Lilith erwähnen: Petrus Comestor, *Historia ecclesiastica, Liber Genesis*, c. 17 , PL 198, 1070 berichtet von jüdischen Legenden, nennt aber ihren Namen nicht; vgl. Maaike van der Lugt, *Pourquoi Dieu a-t-il créé la femme?*, in: Jean-Claude Schmitt (Hg.), Ève et Pandora. La création de la femme, (wie Anm. 9), S. 263 note 7–11. Zu einer seltenen mittelalterlichen bildlichen Darstellung Adams zusammen mit beiden Frauen, Lilith

und Eva: F. de Mély, *Nos pemiers parents dans l'art. Adam, Ève, Lilith*, in: Mélanges Hulin de Loo, Brüssel 1931, S. 116–122.

13 Übersetzt nach Hermann Gunkel, *Genesis*, (wie Anm 6), S. 4–14.

14 Augustinus, *De Genesi ad litteram* 9, 18, ed. Zycha, S. 293.

15 Augustinus, *De Gen. ad litteram* 9, 13, Zycha, S. 294 mit Anspielung auf Epheserbrief 5, 32.

16 Übersetzung nach Hermann Gunkel, *Genesis*, (wie Anm. 6), S. 15–24.

17 E. Kautzsch, *Die Apokryphen und Pseudepigraphen des Alten Testaments*, Tübingen 1900, II, S. 512–528.

18 E. Kautzsch, *Die Apokryphen*, (wie Anm. 17), II, S. 44–48.

19 Rückblicke auf Genesis 1–3 in spätjüdischen Texten finden sich:
Buch Henoch 32, 3–6 Kautzsch II S. 256–257,
Die Sprüche Jesus Sirach (wurde in den Kanon aufgenommnen) 17, 1–10 Kautzsch I, S. 313–314 und 25, 24 Kautzsch I, S. 362: »Von einer Frau stammt der Anfang der Sünde her/Und um ihretwillen sterben wir alle.« Buch der Weisheit Salomos 10, 1–2 Kautzsch I, S. 493, Buch der Jubiläen 3, 1–35 Kautzsch II S. 44–46.

20 Auch wo im 4. Buch Esra 7, 116–120 Kautzsch II, S. 377f. davon die Rede ist, Adams Schuld sei über alle gekommen, ist vom Erbsschaden, nicht von ererbter Schuld die Rede.

21 Paulus, 1. Korinther 11, 3–15 in der folgenreichen Fassung der Vulgata: …viri caput Christus est; caput autem mulieris vir; caput vero Christi deus. Omnis vir orans aut prophetans velato capite deturpat caput suum. Omnis autem mulier orans aut prophetans non velato capite deturpat caput suum…Vir quidem non debet velare caput suum, quoniam imago et gloria Dei est, mulier autem gloria viri est. Non enim vir ex muliere est, sed mulier ex viro. Etenim non est creatus vir propter mulierem, sed mulier propter virum.

22 Paulus, 1. Tim. 2, 13–14 in der Vulgataübersetzung: Adam enim prius formatus est, deinde Heva. Et Adam non est seductus; mulier autem seducta in praevaricatione fuit.
Für die Wirkungsgeschichte, um die es hier geht, ist die Frage unerheblich, welchen Brief Paulus tatsächlich selbst geschrieben hat.

23 Paulus, Epheser 5, 22: Mulieres viris suis subditae sint, sicut Domino. Quoniam vir caput est mulieris.

24 Paulus, 1. Korinther 14, 34–35: Mulieres in ecclesiis taceant; non enim permittitur eis loqui, sed subditas esse, sicut et lex dicit. Si quid autem volunt discere, domi viros suos interrogent. Turpe est enim mulieri loqui in ecclesia.
1. Timotheus 2, 11–12: Mulier in silentio discat cum omni subiectione. Docere autem mulieri non permitto, neque dominari in virum, sed esse in silentio.

25 Paulus, An Titus 2, 5: prudentes, castas, sobrias, domus curam habentes, benignas, subditas viris suis.

26 1. Petrus 3, 1–7: Similiter et mulieres subditae sint viris suis…Viri, similiter (wie Sara gehorsam war) cohabitantes secundum scientiam, quasi infirmiori vasculo muliebri impartientes honorem, tamquam et coheredibus gratiae vitae, ut non impediantur orationes vestrae.

27 In griechisch-englischer Ausgabe im Rahmen der Loeb Classical Library, 10 Bände und 2 Supplemente, Cambridge, Mass., 1929ff. und öfter. Dort im Supplementband 1 die *Questions and Answers on Genesis* aus einer armenischen Übersetzung. Deutsch in: Leopold Cohn (Hg.), *Philo. Die Werke in deutscher Übersetzung*, 1909, Band 1, S. 23–89.

28 Philo, *De opificio mundi*. Loeb Classical Library Band 2, S. 8–85, deutsch bei L. Cohn, *Philo* (wie Anm. 27), Band 3, S. 167–205. Vgl. auch Philo, *Legum allegoria*, ib. Band 1, S. 140–474.

29 Ambrosius, *De Paradiso* 8, 38 ed. Carolus Schenkl, CSEL 32, 1, Wien 1897, S. 294 und 9, 43, S. 300.

30 Ambrosius, *De Paradiso*, ed. Carolus Schenkl, CSEL 32, 1, S. 263-336.

31 Ambrosius, *De Paradiso* 2, 6 Schenkl 267.

32 Ambrosius, *De Paradiso* 2, 11 Schenkl 271.

33 Ambrosius, *De Paradiso* 2, 11 Schenkl 271-272.

34 Ambrosius, *De Paradiso* 4, 24 Schenkl 280.

35 Ambrosius, *De Paradiso* 6, 33-34 Schenkl 290-291.

36 Ambrosius, *De Paradiso* 6, 34 Schenkl 292.

37 Ambrosius, *De Paradiso* 10, 46-47 Schenkl 304-305.

38 Ambrosius, *De Paradiso* 4, 25 Schenkl 281.

39 Augustinus, *De Genesi contra Manichaeos* I 19, 30, PL 34, 187: carnalem istam generationem contemnendam esse demonstrat.

40 Augustinus, *De Genesi contra Manichaeos* I 19, 30, PL 34, 187.

41 Ebd., II 11, 15, PL 34, 204-205.

42 Augustinus, *De catechizandis rudibus* 29.

43 Augustinus, *De Genesi contra Manichaeos* I 20, 31 PL 34, 187-188.

44 Augustinus, *De Genesi contra Manichaeos* I 17, 27 PL 34, 186.

45 Augustinus, *Retractationes* I 10, 2 CC 57 Mutzenbecher 30-31.

46 Augustinus, *De Genesi ad litteram* III 21, CSEL 28, ed. I. Zycha 88: solo pietatitis adfectu, nulla corruptionis concupiscentia.

47 Gerald Bonner, *Adam*, in: Augustinus-Lexikon, Band 1 (Basel 1995), Sp. 63-87.

48 Augustinus, *De Genesi ad litteram* 11, 37 Zycha 372.

49 Augustinus, *De Genesi ad litteram* 3, 22 Zycha 89.

50 Augustinus, *De natura et gratia* 10, Bonner, (wie Anm. 47), Sp. 86.

51 Johannes Eriugena, *De divisione naturae* II 25 und 26.

52 Johannes Eriugena, *De divisione naturae* IV 21, vgl. auch IV 16 und 17.

53 Petrus Lombardus, *Sententiae* II dist. 16-24, Vol. II 406-460.

54 Petrus Comestor, *Historia scholastica. Liber Genesis*, PL 198, 1070. Über ihn J. M. Evans, *Paradise Lost*, (w. Anm. 3), S. 168-178 und M. Th. D'Alverny, (wie Anm. 3), S. 112-113 und S. 127.

55 Petrus Comestor, *Historia scholastica. Liber Genesis*, PL 198, 1055-1076.

56 Ernüchtern könnte die Lektüre von Anthony Fletcher, *Gender, Sex and Subordination in England 1500-1800*, New Haven – London 1995, besonders der Abschnitt The Weaker Vessel, S. 60-82. Unentbehrlich bleibt: Ian Maclean, *The Renaissance Notion of Woman. A Study in the Fortunes of Scholasticism and Medical Science in European Intellectual Life*, Cambridge 1980.

57 Martin Luther, *Vorlesungen über 1 Mose*, WA 42, 1911, S. 99.

58 Ein informatives Fallbeispiel: Die Lage in Augsburg. Dazu Lyndal Roper, *The Holy Household. Woman and Morals in Reformation Augsburg*, Oxford 1989.

59 Jacob Burckhardt, *Die Kultur der Renaissance in Italien*. Gesammelte Werke, Band 3, Darmstadt 1962, S. 267.

60 Edgar Wind, *Pagan Mysteries in the Renaissance*, London 1968, S. 212-214.

61 Cajetanus (Thomas de Vio), *In Pentateuchum Mosis iuxta sensum quem dicunt literalem commentarii*, Rom 1531, fol. 13 r.

62 Franciscus Georgius Venetus (Zorzi), *In sacram Scripturam Problemata*, Venedig 1536, bes. fol. 5 r.

63 Martin Luther, *Vorlesungen über 1 Mose*, WA, Band 42, 1911, S. 68.

64 Sixtus Senensis, *Bibliotheca sancta*. Ich benutze die zweite Ausgabe, Frankfurt 1575, zur Para- dieseserzählung bes. S. 365–369.

65 Martin Luther, WA 42, S. 45–49,vgl. auch Band 24, 51. Aus den Vorlesungen über 1 Mose von 1535–1545, zu 2, 3–4, WA 42, 64: Sed ratio hoc modo ostendit se plane nihil scire de Deo, qui sola cogitatione ex gleba facit non semen hominis sed ipsum hominem, et, quod Moses postea dicit, ex costa viri facit feminam. Calvins Erklärung der Genesis im Corpus Reforma- torum, Band 51 = Calvini Opera omnia Band 23.

66 Martin Luther, Vorlesungen über 1 Mose, WA 42, 89, Zeile 28–29: in nulla re inferior Adamo.

67 Vgl. dazu außer der genannten Arbeit von Almond auch Christoph Bultmann, *Die biblische Urgeschichte in der Aufklärung. Johann Gottfried Herders Interpretation der Genesis als Antwort auf die Religionskritik David Humes*, (wie Anm. 5), besonders S. 50–87 mit Hinweisen auf Hugo Grotius, Thomas Burnett, Jean Le Clerc und eine Reihe anderer englischer Autoren.

68 Die Hamburger Kunsthalle veranstaltete im September 1986 eine Ausstellung mit dem Klin- gerschen Titel: *Eva und die Zukunft*; der Ausstellungskatalog, herausgegeben von Werner Hofmann, München 1986, gibt einen Überblick über die Rolle Evas in der neueren Kunst.

69 Martin Luther, *Vorlesungen über 1 Mose*, WA 42, 1911, S. 117, Zeile 34.

70 Nachweise oben Anm. 9.

71 Zu den medizinischen Anwendungen der Eva-Adam-Geschichte vgl. Joan Cadden, *Meanings of Sex Difference in the Middle Ages*, Cambridge 1993, dort bes. S. 50 für den Blick auf die Tier- welt, S. 176 für die Erklärung der Langlebigkeit der Frauen durch Albert. Zur Rolle des Sün- denfalls in der mittelalterlichen Medizin vgl. Charles T. Wood, *The Doctor's Dilemma: Sin, Salvation and the Menstrual Cycle in Medieval Thought*, in: Speculum. A Journal of Medieval Stu- dies 56 (1981), S. 710–727. Zur sozialen und politischen Verwertbarkeit vgl. Bernhard Töpfer, *Urstand und Sündenfall in der mittelalterlichen Gesellschafts- und Staatstheorie*, Stuttgart 1999.

72 Martin Luther, *Vorlesungen über 1 Mose*, WA 42, 1911, S. 92, Zeile 27–28.

73 Martin Luther, *Vorlesungen über 1 Mose*, WA 42, 1911, S. 91, Zeile 22–24.

74 Martin Luther, *Vorlesungen über 1 Mose*, WA 42, 1911, S. 97, Zeile 9–10.

75 Martin Luther, *Vorlesungen über 1 Mose*, WA 42, 1911, S. 127, bes. Zeile 14.

76 Martin Luther, *Vorlesungen über 1 Mose*, WA 42, 1911, S. 137, besonders Zeile 27–28.

77 Martin Luther, *Vorlesungen über 1 Mose*, WA 42, 1911, S. 141, Zeile 22–23.

78 Augustinus, *De civitate Dei* 12, 22 CC 48, S. 380; und 14, 1, S. 414.

79 Martin Luther, *Vorlesungen über 1 Mose*, WA 42, 1911, S. 82, Zeile 37–39: Puer quia malus est, opus habet pedagogo et virga. Sic quia princeps habet inobedientes cives, lictoribus et carni- ficibus opus est.

80 Martin Luther, *Vorlesungen über 1 Mose*, WA 42, 1911, S. 106, Zeile 20–24: Experientia qui- dem docet nos de his calamitatibus. Sed tamen magnitudinem earum plene non sentimus, nisi respiciamus ad illam qualemcunque imaginem status innocentiae, in quo voluntas bona et ratio recta fuit, denique summa dignitas corporis humani.

81 Einen informativen Überblick über psychoanalytische Erklärungen der Sündenfallerzählung gibt John A. Phillips, *Eva*, (wie Anm. 3), S. 91–100. Er stützt sich auf: Ludwig Levy, *Sexual- Symbolik in der biblischen Paradiesgeschichte*, in: Imago 5 (1917–1919), S. 8–26, und Geza Ro- heim, *The Garden of Eden*, in: Psychoanalytic Review 27, 2 (Januar 1940), S. 1–26 und 177–199.

82 Honorius, *Gemma animae* I 145–146 PL 172, 589.

## Anmerkungen zum zweiten Teil

1 Philo von Alexandria, *De mundi opificio*, griechisch-englische Ausgabe von F. H. Colson und G. H. Whitaker, Works, Loeb Classical Library 226, Cambridge, Mass., 1962, S. 60–62. Über die Weltschöpfung, deutsch in: *Philo von Alexandrien, Die Werke in deutscher Übersetzung*, hg. von Leopold Cohn, Isaak Heinemann, Maximilian Adler und Willy Theiler, Band 1, 2. Auflage, Berlin 1962, S. 54–55.

2 Petrus Lombardus, *Sententiae*, Band 1, liber 2, dist. 1 c. 4 n. 6, Grottaferrata 1971, S. 333.

3 Nikolaus von Kues, *De Possest* n. 7, Opera omnia, Ausgabe der Heidelberger Akademie, Band XI 2, Hamburg 1973, S. 121.

4 Isidor von Sevilla. *Etymologiae* XI 1: homo dictus, quia ex humo factus est.

5 Konrad Weiß, *Gedichte*, Band 2, München 1949, S. 111.

6 Petrus Lombardus, *Sententiae*, Band 1, liber II, dist. 1 c.4 n.2, S. 332.

7 Augustinus, *De Genesi ad litteram* 8, 9 Zycha, S. 245: ut operaretur agriculturam, non labore servili, sed honesta animi voluptate.

8 Ambrosius, *De Paradiso* 4, 25 Schenkl, S. 281–282.

9 Thomas von Aquino, *In 2 Sententiarum* 27, 3, 2 ad 8, S. 439.

10 Otto Schmidt, *Der Kopf mit der Binde*, in: Oberrheinische Kunst 5 (1932), S. 3–16; ders., *Zur Deutung der Gewölbefigur am ehemaligen Westlettner des Mainzer Domes. Festschrift für Heinrich Schrohe*, Mainz 1934, bes. S. 70; Herbert von Einem, *Der Mainzer Kopf mit der Binde*, Köln und Opladen 1955; Günter Bandmann, *Zur Deutung des Mainzer Kopfes mit der Binde*, in: Zeitschrift für Kunstwissenschaft 10 (1956), S. 153–174; Wilhelm Bernhard Kaiser, *Zum Mainzer Kopf mit der Binde*, in: Zeitschrift für Kunstwissenschaft 14 (1960), S. 155–174; Annegret Peschlow-Kondermann, *Rekonstruktion des Westlettners und der Ostchoranlage des 13. Jahrhunderts im Mainzer Dom*, Wiesbaden 1972, S. 24–37. Ich danke Jürgen Kotzur, dem Direktor des Mainzer Dommuseums, für freundschaftliche Hilfe.

11 von Einem, (wie Anm. 10), S. 18.

12 Flavius Josephus, *Antiquitates* I 1, 2; Petrus Comestor, *Historia scholastica*. Liber Genesis 18, Martin Luther, *Vorlesungen über 1 Mose*, WA 42, 1911, S. 69, Zeile 26.

13 von Einem, S. 21. ADAM zusammengesetzt aus den Anfangsbuchstaben von: Arktos, Dysis, Anatol und Mesembris.

14 Martin Luther, *Vorlesungen über 1 Mose*, WA 42, 1911, S. 68: Omnia haec, inquam, historica sunt.

15 Dazu vgl. Almond, S. 144.

16 Petrus Lombardus, *Sententiae* II dist. 18, 4, S. 417.

17 Petrus Lombardus, *Sententiae* II dist. 18, 3 ,1, S. 417.

18 Augustinus, *De Genesi ad litteram* 10, 26 Zycha 331.

19 Thomas von Aquino, *Scriptum super libros sententiarum magistri Petri Lombardi*, II dist. 18, 1,1, ed. Mandonnet, Band 2, Paris 1929, S. 448.

20 Thomas von Aquino, *Scriptum*, (wie Anm. 19), II dist. 18, 1,1, 2, ad 3 et ad 5, S. 449.

21 Augustinus, *De Genesi ad litteram* 3, 22 Zycha 89.

22 Petrus Lombardus, *Sententiae* II dist. 18, 1, S. 416.

23 Roberto Zapperi, *Potere politico e cultura figurativa: la rappresentazione della nascita di Eva*, in: Storia dell'arte italiana, Band 10 (Turin 1981), S. 377–442. Die These Zapperis vom Zusammenhang dieser Wandlung mit der gregorianischen Reform sehe ich nicht als erwiesen an, sondern teile die Kritik von Jérome Baschet, *Ève n'est jamais née. Les représentations médiévales et l'origine du genre humain*, in: Jean-Claude Schmitt (Hg.), Ève et Pandora, (wie oben Teil I, Anm.9), S. 115–160.

24 Meister Eckhart, *Predigt 6* bei: Josef Quint, Meister Eckhart, Deutsche Werke, Stuttgart 1936ff., Band 1, S. 97–115.

25 Petrus Lombardus, *Sententiae* II dist. 18, 2, S. 417.

26 Augustinus, *De Gen. ad lit.* 9 , 3 CSEL 28 Zycha 271.

27 Zu dieser originellen Fragestellung vgl. Catherine Capelle, *Thomas D'Aquin Féministe?*, Paris 1982.

28 Augustinus, *De Gen.ad lit.* 9, 3, 28, Zycha 271.

29 *Lexikon des Mittelalters*, Band 9, 1998, Sp. 162. Wilhelm von Auvergne, *Opera omnia*, Paris – Orleans 1664, Band 1, S. 512–516. Ich benutze den von mir besorgten unveränderten Nachdruck, Frankfurt 1963.

30 Maaike van der Lugt, *Porquoi Dieu a-t-il créé la femme?*, (wie oben Teil I, Anm. 9), S. 110.

31 Thomas von Aquino, *Summa Theologiae* I 93, 4 ad 1: Vir est principium mulieris et finis, sicut deus est principium et finis totius creaturae.

32 Thomas von Aquino, *Scriptum in lib. II Sententiarum*, dist. 18.1.1 ad 1, S. 448. Zur Theorie der Geschlechter bei Thomas von Aquino vgl. Albert Mitterer, *Mas occasionatus*, in: Zeitschrift für katholische Theologie 72 (1950), S. 80–103; Eleanor C. McLaughlin, *Equality of Soul, Inequality of Sexes: Women in Medieval Theology*, in: R. R. Ruether (Hg.), Religion and Sexism. Images of Women in the Jewish and Christian Tradition, New York 1974, S. 213–266; Petra Krüger, *Schöpfungsordnung und Geschlechterordnung*, in: Sabine Doyé/Marion Heinz/Friederike Kuster, Philosophische Geschlechtertheorien. Ausgewählte Texte von der Antike bis zur Gegenwart, Stuttgart 2002, S. 114–132.

33 Augustinus, *De Gen. ad litt.* 10, 10, Zycha 306–307.

34 Augustinus, *De Gen ad litt.* 8, 1, Zycha 229–230.

35 Augustinus, *De civitate Dei* 13, 21 CC 48 S. 404.

36 Petrus Lombardus, *Sententiae* II 17, 5, 4 S. 414: ad litteram tamen intelligendum est locum amoenissimum fructuosis arboribus, magnum et magno fonte fecundum.

37 Thomas von Aquino, *Summa theologiae* I 102, 2 ad 4 und II–II, 164, 2 ad 5.

38 Thomas von Aquino, *In 2 Sententiarum* dist. 17, 3, 2 ad 1, S. 438.

39 Robertus Bellarminus, *De controversiis*. Opera omnia V, Paris 1873, S. 194–202.

40 Petrus Lombardus, *Sententiae* II 17, 5 S. 413; Thomas, *In 2 Sententiarum* 17,3, 2, S. 438.

41 Philip C. Almond, S. 65–109, das Zitat S. 70.

42 Vgl. Reinhold R. Grimm, *Paradisus coelestis – Paradisus terrestris. Zur Auslegungsgeschichte des Paradieses im Abendland bis um 1200*, München 1977; Gerard P. Luttikhuizen (Hg.), *Paradise interpreted. Representations of Biblical Paradise in Judaism and Christianity*, Leiden 1998.

43 Augustinus, *De civitate Dei* 14, 10 CC 48, S. 430.

44 Martin Luther, *Vorlesungen über 1 Mose*, WA 42, 1911, S. 78, Zeile 21: Nam labor est poena, qui in statu innocentiae fuisset ludus et voluptas.

45 Augustinus, *De civitate Dei* 14, 26 CC 48, S. 449.

46 Thomas von Aquino, *In 2 Sententiarum* 21, 2, 3, S. 538.

47 Thomas von Aquino, *Summa theologiae* I 96, 3.

48 Martin Luther, *Vorlesungen über 1 Mose*, WA 42, 1911, S. 79, Zeile 12.

49 Martin Luther, *Vorlesungen über 1 Mose*, WA 42, 1911, S. 79, Zeile 26–28.

50 Martin Luther, *Vorlesungen über 1 Mose*, WA 42, 1911, S. 79, Zeile 31–34.

51 *Dictionaire de la théologie catholique*, Band 5, 2 (1924), Spalte 1643.

52 Martin Luther, *Vorlesungen über 1 Mose*, WA 42, 1911, S. 105, Zeile 40 – 42.

53 Petrus Lombardus, *Sententiae* II 19, 1, S. 422.

54 Thomas von Aquino, *In 2 Sententiarum* 19,1,4 ad 4, S. 493.

55 Thomas von Aquino, *In 2 Sententiarum* 19,1, 2 ad 2, S. 487.

56 Martin Luther, *Vorlesungen über 1 Mose*, WA 42, 1911, S. 78, Zeile 5–8.

57 Augustinus, *De civitate Dei* 13, 20–21 CC 48, 403-404; Thomas von Aquino, *In 2 Sententiarum* 19, 1, 2 et ad 5, S. 486–487.

58 Martin Luther, *Vorlesungen über 1 Mose*, WA 42, 1911, S. 70, Zeile 30–34.

59 Petrus Lombardus, *Sententiae* II 20, 4, 6–7, S. 431; Thomas von Aquino, *Summa theologiae* I 97, 3 ad 4.

60 Martin Luther, *Vorlesungen über 1 Mose*, WA 42, 1911, S. 70, Zeile 21 und S. 84, Zeile 10: non fuit foetor in excrementis.

61 Thomas von Aquino, *In 2 Sententiarum* 19, 1, 3 ad 3, S. 489.

62 Dazu vgl. das informative Buch von Jeremy Cohen, ›Be Fertile and Increase, Fill the Earth and Master It!‹ *The Ancient and Medieval Career of a Biblical text*, (wie Teil I, Anm. 3).

63 Thomas von Aquino, *In 2 Sententiarum* 20, 1, 1, c.a. et ad 3, S. 504–505.

64 Augustinus, *De Genesi ad litteram* 9, 8–9, Zycha 276–278; *De civitate Dei* 14, 21 CC 48, 429; Petrus Lombardus, *Sententiae* II 19, 5–6, S. 424–427.

65 Augustinus, *De Genesi ad litteram* 9, 3 S. 271–272.

66 Augustinus, *De civitate Dei* 14, 24 CC 48, 447, Zeile 25–38. Der letzte Satz ist so kunstvoll, daß ich ihn im Original hersetze: Nonnulli ab imo sine paedore ullo ita numerosos pro arbitrio sonitus edunt, ut ex illa etiam parte cantare videantur.

67 Augustinus, *Contra Iulianum* (Opus imperfectum) III 147, CSEL 85, 1 Zelzer 453–454.

68 Augustinus, *Contra Iulianum* (wie Anm. 67), IV, 26.

69 Thomas von Aquino, *In 2 Sententiarum* 20,1,2 c.a. et ad 1, ad 2, S. 507.

70 Augustinus, *Contra Iulianum* (wie Anm. 67), III 198, Zelzer 497.

71 Petrus Lombardus, *Sententiae* II 20,4, S. 429.

72 Augustinus, *De peccatorum meritis et baptismo parvulorum* I 37–38, CSEL 60, 69–70.

73 Petrus Lombardus, *Sententiae* II 20, 4, 4, S. 430.

74 Thomas von Aquino berichtet das in *In 2 Sententiarum* 19, 1, 3 ad 3, S. 489.

75 Thomas von Aquino, *In 2 Sententiarum* 20, 2, 2 S. 513.

76 Dante, *Paradiso* 26, 103–142, auch 32, 122 und 136.

77 Petrus Lombardus, *Sententiae* II 21, 8, 2, S. 438.

78 Philo von Alexandrien, *De mundi opificio* 52, S. 116. Über die Weltschöpfung, deutsch in: *Philo von Alexandrien, Die Werke in deutscher Übersetzung*, hg. von Leopold Cohn, Isaak Heinemann, Maximilian Adler und Willy Theiler, Band 1, (wie Anm. 1), S. 80.

79 Arno Borst, Der Turmbau von Babel. Geschichte der Meinungen über Ursprung und Vielfalt der Sprachen und Völker, Stuttgart 1957–1963, als Taschenbuchausgabe München 1995.

80 Augustinus, *De Genesi ad litteram* 9, 17, Zycha 257 und 11, 34, Zycha 368 nach 1. Korinther 14, 35: si quid autem discere uolunt, domi viros suos interrogent.

81 Petrus Lombardus, *Sententiae* II 21, 8, 1, S. 438.

82 Augustinus, *De Genesi ad litteram* 8, 13, Zycha 251-252.

83 Berichtet von Dionysius Petavius, *De theologicis dogmatibus* (zuerst 1644), ed. J. B.Thomas, Band 4, Bar-le-Duc 1868, S. 332.

84 Zum Neid des Satans und sein Verhältnis zur Schlange: Augustin, *De civitate Dei* 14, 11 CC 48, S. 432.

85 Petrus Lombardus, *Sententiae* II 21 , 2, 1-2, S. 433-434.

86 Thomas von Aquino, *In 2 Sententiarum* 21, 2, 1, S. 533.

87 Petrus Lombardus, *Sententiae* II 21, 1, 2, S. 433.

88 Augustinus, *De civitate Dei* 14, 11 CC 48, S. 433.

89 Augustinus, *De civitate Dei* 14, 13 CC 48, S. 434-436.

90 Augustinus, *De civitate Dei* 14, 15 CC 48, S. 437.

91 Martin Luther, *Vorlesungen über 1 Mose*, WA 42, 1911, S. 114, Zeile 1-8.

92 Buch der Geheimnisse des Henoch bei Almond, S. 181.

93 Martin Luther, *Vorlesungen über 1 Mose*, WA 42, 1911, S. 114, Zeile 20.

94 Almond, 182.

95 Norma Cecilia Flores, *»Virgineum vultum habens«. The Woman-Headed Serpent in Art and Literature from 1300 to 1700*, Phil.diss. Illinois 1988;

John K. Bonnell, *The Serpent with a Human Head*, in: American Journal of Archeology 21 (1917), S. 255-291;

Henry Ansgar Kelly, *The Metamorphosis of the Eden Serpent during the Middle Ages*, in: Viator 2 (1971), 301-328;

Brian O. Murdoch, *The Recapitulated Fall. A Comparative Study in Medieval Literature*, Amsterdam 1974; Almond, S. 185.

96 Hugo von Sankt Viktor, *De sacramentis* 1, 7, 7.

97 Augustinus, *De Trinitate* 12, 9, 14 CC 50 a Mountain 368.

98 Vgl. Marie-Thérèse D'Alverny, *Comment les Théologiens voient la femme*, (wie oben Teil I, Anm. 3), S. 121-122.

99 Augustinus, *De Gen. ad litt.* 11, 42, 59, Zycha 378.

100 Petrus Lombardus, *Sententiae* II 22, 4, 1, S. 442.

101 Thomas von Aquino, *In 2 Sententiarum* 32, 1, 3 ad 1, S. 556.

102 Petrus Lombardus, *Sententiae* II 33, 3, 2, S. 521.

103 Thomas von Aquino, *In 2 Sententiarum* 21, 2, 2 ad 1 S. 536.

104 Thomas von Aquino, *Summa theologiae* I-II, 81, 5. Im Italien des 15. Jahrhunderts erhob eine gelehrte Frau, Isotta Nogarola, Einwände gegen die vorherrschende Theorie von der größeren Schuld Evas. Dazu: Katharina Fietze, *Eine gewisse neue Theologie. Der Dialog der Isotta Nogarola »Über die gleiche oder ungleiche Sünde Evas und Adams«* von 1451, in Elisabeth Gössmann (Hg.), Kennt der Geist kein Geschlecht? München 1994, S. 76–107.

105 Martin Luther, *Vorlesungen über 1 Mose*, WA 42, S. 68, Zeile 37.

106 Augustinus, *De Gen. ad litt.* XI 37, Zycha 372.

107 Immanuel Kant, *Muthmaßlicher Anfang der Menschheitsgeschichte*, Akademieausgabe VIII, S. 114-115. Dazu: Andreas Urs Sommer, *Felix peccator? Kants geschichtsphilosophische Genesis-Exegese im Muthmaßlichen Anfang der Menschengeschichte und die Theologie der Aufklärungszeit*, in: Kant-Studien 88 (1997), S. 190-217.

108 Friedrich Schiller, *Etwas über die erste Menschengesellschaft nach dem Leitfaden der mosaischen*

*Urkunde*, in: Schillers Sämtliche Werke (Säkular-Ausgabe), Historische Schriften, Band 13, Stuttgart – Berlin 1905, S. 24–27.

109 Martin Luther, *Vorlesungen über 1 Mose*, WA 42, 1911, S. 91 – 92.

110 Martin Luther, *Vorlesungen über 1 Mose*, WA 32, 1911, S. 82, Zeile 16–17: Sic enim de peccato originali loquuntur, ac si non sit culpa, sed tantum poena.

111 Petrus Lombardus, II 30, 13–15, S. 503–505.

112 Thomas von Aquino, *In 2 Sententiarum* 32 , 2, 2, S. 835–837.

113 Alle diese Sätze habe ich den *Bekenntnisschriften der evangelisch-lutherischen Kirche* entnommen, 6. Auflage, Göttingen 1967. Zu der Position der protestantischen Orthodoxie finden sich die Quellen bei Heinrich Schmid, *Die Dogmatik der evangelisch-lutherischen Kirche*, hg. von Horst Georg Pöhlmann, 10. Auflage, Gütersloh 1983. Wer nach der Lektüre dieser Quellentexte immer noch dazu neigt, die Modernität der evangelischen Theologietradition vor 1800 zu überschätzen, der lese: Emanuel Hirsch, *Hilfsbuch zum Studium der Dogmatik*, Neudruck Berlin – Leipzig 1951.

114 Martin Luther, *Vorlesungen über 1 Mose*, WA 42, 86, Zeile 17–27.

115 Martin Luther, *Großer Katechismus*, 4. Teil, Von der Taufe. Bekenntnisschriften (wie Anm. 113), S. 704.

116 Thomas von Aquino, *Summa theologiae* I–II, 81, 1.

117 Immanuel Kant, *Religion innerhalb der Grenzen der bloßen Vernunft*. Erstes Stück, Akademieausgabe, Band 6, S. 40–44.

118 Friedrich Schleiermacher, *Der christliche Glaube*. Siebte Auflage, hg. von Martin Redeker, Band 1, Berlin 1960, S. 330, doch vgl. §§ 61–74, S. 325–410. Hegels Auslegung der Adamsgeschichte in: Vorlesungen über die Philosophie der Religion, Zweiter Band, Sämtliche Werke, hg. v. Hermann Glockner, Band 16, Stuttgart 1928, S. 257–277.

119 Thomas von Aquino, *Summa theologiae* I 94, 4 und 95, 7.

120 Anselm von Canterbury, *Cur Deus homo* II 16. Anselmi Opera omnia, ed. Franciscus Salesius Schmitt, Band 2, Edinburgh 1946, S. 119.

121 Petrus Lombardus, *Sententiae* II 33, 4, S. 522. originale peccatum = vitium concupiscentiae, steht ib. 30, 10, 1, S. 501.

122 Martin Luther, *Vorlesungen über 1 Mose*, WA 42, 1911, S. 142, Zeile 10–21.

123 Augustinus, *De Trinitate* 12, 8, 13–21, CC 50 a, Mountain 368–374; Petrus Lombardus, *Sententiae* II 29, 3, S. 493–494; Thomas von Aquino, *In 2 Sententiarum* 21,2, 1, S. 532–533: ordo tentationis interioris qui in nobis nunc agitur, repraesentat ordinem tentationis in primis parentibus servatum.

# BILDNACHWEIS

Frontispiz Donatello: *Die Erschaffung Evas*, Relief, Florenz, Museo dell'Opera del Duomo © 2000, Photo Scala, Florenz.

Seite 11 Detail aus der Bernwardstür, Hildesheim; nach: Heinz Adamski: Bernwardstür am Dom zu Hildesheim, Hildesheim 1977.

Seite 13 Deckengemälde in der Michaeliskirche, Hildesheim; Gemeinde St. Michael.

Seite 14 Kapitell in der Kathedrale von Clermont-Ferrand; Bildarchiv Foto Marburg.

Seite 15 Byzantinisches Elfenbeinkästchen; Hessisches Landesmuseum Darmstadt.

Seite 33 Buchmalerei aus der Kölner Königschronik; Monumenta Judaica, Köln 1963.

Seite 57 Piero della Francesca: *Der Tod Adams*, Fresko in Arrezzo; nach: Flaminio Gualdoni: Die Fresken von Piero della Francesca in Arezzo, Herrsching 1989.

Seite 61 Mainzer Kopf mit Binde; Bischöfliches Dom- und Diözesanmuseum Mainz.

Seite 64 Michelangelo Buonarroti: *Die Erschaffung des Adam*; Fresko in der Sixtinischen Kapelle; nach: Redig de Campos (Hrsg.): Art Treasures of the Vatican, New York 1974.

Seite 73 Hieronymus Bosch: *Der Garten der Lüste*, Linker Flügel; Archiv für Kunst und Geschichte, Berlin.

Seite 83 Detail aus: Hugo van der Goes: *Der Sündenfall*; Archiv für Kunst und Geschichte, Berlin.

Seite 87 Masaccio: *Vertreibung aus dem Paradies*; Archiv für Kunst und Geschichte, Berlin.

Seite 94 Kapitell in der Kathedrale von Autun; Archiv des Verfassers.

Seite 95 Kreuzfuß aus Lüneburg; Kestner Museum, Hannover.

Seite 101 Max Beckmann: *Adam und Eva*, Skulptur; Hamburg, Hamburger Kunsthalle, Foto: Elke Walford/bpk; © VG Bild-Kunst, Bonn 2004.

© Verlag C.H.Beck oHG, München 2004
Gesetzt aus der Goudy Old Style und der Gill Sans
Umschlagentwurf und Innengestaltung: Konstanze Berner, München
Umschlagabbildung: Hugo van der Goes: *Der Sündenfall*; um 1470, AKG Berlin
Druck und Bindung: Frühmorgen & Holzmann, München
Gedruckt auf säurefreiem, alterungsbeständigem Papier
Printed in Germany
ISBN 3 406 52763 9
www.beck.de